Georg Kugler/Herbert Lindner
Trauung und Taufe: Zeichen der Hoffnung

ganz praktisch trägt dem großen Bedürfnis nach Arbeitshilfen für Jugend- und Sozialarbeit, für Beratung, Telephonseelsorge, Erwachsenenbildung, vor allem für die lokale Gemeindearbeit Rechnung, ist aber je nach Thema gleichermaßen für einen breiteren Leserkreis interessant und hilfreich.

ganz praktisch will nicht nur als Hilfe für die gegenwärtige Praxis verstanden werden, sondern auch neue Richtungen in Gemeinde- und Sozialarbeit weisen.

ganz praktisch macht ebenfalls mit neuen Formen bekannt, die anderswo bereits erfolgreich praktiziert werden, und regt damit zum Experiment in der eigenen Arbeit an.

ganz praktisch gliedert sich in zwei Abteilungen:
die ANLEITUNGEN, die praxisnah in Art eines Leitfadens oder Werkbuchs abgefaßt sind und damit in die Handbücherei des Praktikers gehören;
die MATERIALIEN, mit denen der Praktiker zu bestimmten Vorhaben und unter bestimmten Themen ausgestattet wird (Modell-Berichte, Arbeitspapiere, szenische Texte), wobei es ihm überlassen bleibt, sie durch eigene Entdeckungen zu ergänzen.

GEORG KUGLER
HERBERT LINDNER

Trauung und Taufe: Zeichen der Hoffnung

Begründung und Modelle

CHR. KAISER

CIP-Kurztitelaufnahme der Deutschen Bibliothek

Kugler, Georg
Trauung und Taufe: Zeichen der Hoffnung.
Begründung u. Modelle / Georg Kugler;
Herbert Lindner.
(ganz praktisch: anleitungen)
NE: Lindner, Herbert

ISBN 3-459-01094-0

Umschlag: Jörg Teichmann.
Satz und Druck: Offsetdruck Meckbach,
Aschheim bei München.
Printed in Germany.

Inhalt

Vorwort

Angeregt durch die neueren Untersuchungen zur Volkskirche hat die Gemeindeakademie Rummelsberg 1975 und 1976 je einen Studienkurs über die Trauung und über die Taufe gehalten. In diesen Kursen wurden erste Ansätze vorgetragen und diskutiert. Dieses Buch enthält den Studienbericht über die Trauung und über die Taufe.

Die Überlegungen zum Thema Taufe nehmen manches noch einmal auf, was zur Trauung gesagt wurde, verdeutlichen oder präzisieren es. Damit ist gleichzeitig der Prozeß des Weiterarbeitens und Weiterdenkens zu den wichtigen Fragen der „Kasualkirche" erkennbar.

Die beiden Studien versuchen, eine Lücke zu schließen. Sie klafft zwischen grundsätzlichen Überlegungen, seien sie empirisch ausgerichtet oder dogmatisch bestimmt, und zwischen den bekannten Materialsammlungen. An dogmatischen Auseinandersetzungen über die Kasualien, besonders über die Kindertaufe ist kein Mangel.

Ebenso hat die neuere Diskussion Ansätze für ein anderes Verständnis der Kasualien gebracht. Zuletzt hat J. Matthes in dem Auswertungsband zu „Wie stabil ist die Kirche?" „Erneuerung der Kirche" (Gelnhausen/Berlin 1975) noch einmal sehr deziddiert eine Lanze für die „Kasualkirche" gebrochen (83 ff). Er hat die Inanspruchnahme der Kasualien als eine eigene Teilnahmeform an Kirche heute herausgearbeitet. Ansatzpunkte für die Praxis kommen nur knapp in Sicht.

Diese Lücke scheint uns im Augenblick ein sehr interessanter Ort zu sein. Wir versuchen, sie aufzufüllen und hoffen dabei auf Erkenntnisse sowohl für grundsätzliche Überlegungen wie auch für eine verbesserte Praxis. Wir sind uns bewußt, daß wir damit möglicherweise eine Reihe von Enttäuschungen verursachen. Dem einen mag zu wenig Theorie, dem anderen zu wenig praktisches Material zu finden sein.

Wer aber bereit ist, sich mit auf den Weg von einer theoretischen Erkenntnis bis hin zu ihrer praktischen Realisierung zu begeben, wird genauer als bisher die eigene Praxis überdenken und gestalten lernen. Wir halten dies für einen wichtigen Beitrag für die zukünftige Praxis unserer Kirchen.
Für uns sind Taufe und Trauung Zeichen der Hoffnung.

Georg Kugler/Herbert Lindner

Zitate – statt einer Einleitung

Freitag mittag – halb zwölf.
Zweieinhalb Stunden sind vergangen
seit der Beerdigung,
eine Stunde seit einem Taufgespräch.
Das Brautpaar kommt direkt vom Standesamt,
die Inszenierung klappt wie am Schnürchen.

Freitag – das ist ein beliebter Tag,
um sich in dieser Form kirchlich
bedienen zu lassen:
Freitag – der Göttin Freja geweiht,
der germanischen Behüterin von Schönheit und
Liebe – an diesem Tage wird gerne „gefreit".
Seit alters her.
Sofern am Standesamt noch ein Termin frei ist.
Bei mir hier gibt es in dieser Beziehung
weniger Probleme.

Hier nun wird der Evangelist in mir
endgültig zum Zeremonienmeister degradiert.

(aus: R. Eder, Sieben Tage, Manuskript für einen Film.
Laetare Verlag, Stein 1974, 130)

Zitate – statt einer Einleitung

„56 % der Evangelischen haben zuletzt bei einer volkskirchlichen Amtshandlung (Konfirmandenunterricht und Konfirmation eingerechnet) mit einem Pfarrer zu tun und zu sprechen gehabt." (67)

„Die am weitesten reichende Gemeinsamkeit der Evangelischen in ihrem Verhältnis zur Kirche sind die Amtshandlungen. Das sind – darauf wurde schon hingewiesen – Handlungen, in denen sich das kirchliche Angebot mit wichtigen lebensgeschichtlichen und sozialen Bedürfnissen der Mitglieder besonders deutlich verschränkt." (236)

„Es scheint unausweichlich, daß die Bedeutung dieser kirchlichen Handlungen, vor allem auch im Hinblick auf das homiletische, katechetische und seelsorgerliche Handlungsfeld, in dem sie liegen, von der Kirche neu eingeschätzt, schlicht in Theologie und Praxis aufgewertet wird. Das gilt unter allen denkbaren Gesichtspunkten. Das gilt aber nicht zuletzt auch, weil die Einsicht, daß das Interesse an diesen Handlungen die am weitesten reichende Gemeinsamkeit der Evangelischen ist, von der Erhebung her als sicher gelten muß. ... Eine Kirche, deren Basis im Bewußtsein ihrer Mitglieder gerade im Bereich dieser Handlungen am breitesten und am stärksten ist, hat Anlaß, ihre Strategien zu überprüfen." (238 ff)

(aus: H. Hild, Wie stabil ist die Kirche, Gelnhausen/Berlin 1974)

Zum Beispiel: TRAUUNG

I. WARUM KOMMEN SIE?

Neue Perspektiven

Während die Gottesdienstgemeinden zu kleinen Häuflein zusammengeschmolzen sind, ist der Kreis derer, die eine Amtshandlung der Kirche begehren, immer noch sehr groß, auch wenn hier die Zahlen leicht rückläufig sind. Das muß nachdenklich machen. Warum kommen sie? Der Hinweis auf „die Tradition" liegt nahe. Doch abgesehen davon, was man darunter verstehen soll, reicht diese Begründung kaum aus. Traditionen leben nur so lange, als sie von den Bedürfnissen vieler Menschen gespeist werden. Sonst brechen sie rasch in sich zusammen. Gerade der vergleichende Hinweis auf den Gottesdienstbesuch muß die Frage provozieren: Warum suchen ungleich viel mehr Menschen die Amtshandlungen? Wer ist an ihnen interessiert?
Die beigefügte Skizze zeigt einige denkbare Interessenfelder auf. Genaueres konnte man bis in die letzten Jahre hinein eigentlich nur von kirchlichen Leitvorstellungen sagen. Kirchenordnungen, die Ordnung des kirchlichen Lebens und praktisch-theologische Äußerungen geben bis in Einzelheiten hinein über Kasualien Auskunft. Welches Interesse aber hat der Einzelne, die Gesellschaft oder die Familie an diesen Amtshandlungen? Hat die kirchliche Organisation möglicherweise neben dem, was sie in ihren Ordnungen zu sagen weiß, noch andere Interessen? Antworten auf diese Fragen schälen sich in der letzten Zeit deutlicher heraus. Yorick Spiegel geht in einem Aufsatz[1] der Frage nach, welche der skizzierten Interessenfelder sich besonders stark mit den Amtshandlungen verbinden. Die folgenden Abschnitte versuchen, Spiegels Arbeit auszuwerten. (Die Seitenzahlen erscheinen in Klammern.)

1 Y. Spiegel, Gesellschaftliche Bedürfnisse und theologische Normen, Theologia Practica VI, 1971, 212 ff.

WER IST AN DER TRAUUNG INTERESSIERT?

1. *Das Interesse des Individuums an den Amtshandlungen*

Die neue Sicht der Amtshandlungen, die sich seit Jahren durchzusetzen beginnt, rechnet stark mit einem individuellen Bedürfnis an diesen Ritualen. Daß die Kirche den Einzelnen von der Wiege bis zur Bahre begleite, war schon immer landläufige Meinung. Man meint heute, daß die Kasualien vor allem dazu dienen, dem einzelnen Menschen zu helfen, die Krisen durchzustehen, die sich an besonderen Schwellen seines Lebens einstellen. Spiegel hält diese Auffassung für nicht haltbar und meint: „Das Individuum wird als Individuum eigentlich nur in der Konfirmation angesprochen; Taufe und Beerdigung betreffen es rein passiv und hinterlassen keine sichtbaren Spuren; auch in der Trauung werden zwei Menschen gemeinsam angesprochen, die zu einer Einheit verbunden werden sollen." (214) Es sei darum kaum anzunehmen, daß das individuelle Interesse an den Kasualien sonderlich stark ist. Wer trägt denn das doch immerhin imposante und gewichtige Gebäude dieser Kasualien?

2. *Das Interesse der Gesellschaft an den Amtshandlungen*

Die theologische Diskussion der letzten zehn Jahre hat dazu geführt, auch immer nach der gesellschaftlichen Relevanz kirchlichen Redens und Tuns zu fragen. Neomarxistische Fragestellungen haben dabei in den Bereich der Kirche Eingang gefunden. So beurteilen junge Theologen der 1. Celler Konferenz die kirchliche Trauung so: „Durch die Eheschließungsfeier versucht sie (die Kirche), der von unserer Gesellschaft bereits weitgehend zerstörten Einehe auf irrationalem Wege wieder einen Sinn zu vermitteln." Damit wird gesagt, daß die Kirche mit anderen herrschenden Mächten an der Stabilisierung des bestehenden gesellschaftlichen Systems interessiert sei. Die Kasualien geraten so unter Opiumverdacht. Damit aber werden die Rolle und die Möglichkeiten der Kirche sicher überschätzt. Spiegel weist darauf hin, daß unsere heutige Leistungsgesellschaft sich weithin selbst durch eigene Mechanismen stabilisiert habe, so daß sie die Amtshandlungen der Kirche zu ihrer Festigung nicht bedürfe. So gibt es etwa feste, gesellschaftliche Rituale bei der Pensionierung. Damit wird der Einzelne, der nun nichts mehr leistet, persönlich gestützt, und das Grunddogma dieser Gesellschaft zugleich feierlich bestätigt. „Dennoch mögen Amtshandlungen in dem Sinn für die Gesellschaft funktional sein, indem sie dazu beitragen, diffuses ‚Vertrauen' in dieses System zu setzen ... In der Tat mag der Pfarrer das seine dazu beitragen, indem er unter der Hand die magischen Erwartungen an ein heilsames Eingreifen Gottes umgestaltet zur Zusicherung, man könne Gott und der Gesellschaft vertrauen, daß der Schritt in die Zukunft gelingt." (216) Diese Überlegungen machen deutlich, daß auch das gesellschaftliche Interesse an den Amtshandlungen wenig ausgeprägt ist.

3. *Das Interesse der Familie an den Amtshandlungen*

Hier entdeckt Spiegel das stärkste Interesse an den Kasualien. Diese markieren die einschneidenden Punkte im Familienleben. Sie sind eine „Ritualisierung der Positionsübergänge" (Dreitzel). „Zwar mag es der Einzelne sein, der einen solchen Positionsübergang vorzieht, aber die Krise, die damit verbunden ist, ist nicht allein die Krise dieses Einzelnen, sondern bedroht das ganze familiale System, in dem er steht oder gestanden hat." (217) Jede Familie ist ein labiles Gefüge, ständig geht es darum, einen Balanceakt zu vollziehen. Was der Einzelne erlebt, berührt das ganze System. Die Geburt eines neuen Familienmitgliedes, der Übergang von der Kindheit in das Jugendalter, Krankheit, Tod, Berufswechsel oder Schwierigkeiten greifen in die Familie unmittelbar ein. Gleichzeitig ist diese durch die vielen Anstöße gefährdete Familie für das Individuum lebenswichtig. Sie ist eine „Pufferzone" zwischen der großen, anonymen Arbeitswelt und dem Individuum. Hier werden Enttäuschungen und Frustrationen aus dieser Welt aufgefangen, hier wird ein wesentlicher Beitrag zur Weiterentwicklung des Individuums geleistet. Darum genießt die Familie auch in unserer Gesellschaft einen gewissen Freiheitsspielraum. Man tastet sie nicht an, respektiert sie und privatisiert sie zugleich. Hier leistet die Amtshandlung der Familie einen besonderen Dienst.

Gerade in den Augenblicken, in denen das Gleichgewicht einer Familie gefährdet ist, vermittelt sie Sicherheit und unterstreicht zugleich ihre Bedeutung für das Familienmitglied. Geht man einmal davon aus, daß die Familie besonders stark an den Amtshandlungen interessiert ist, dann bekommt die Trauung eine besondere Bedeutung. „Die Trauung stellt unter diesem Aspekt die primäre Amtshandlung dar, sie ist der eigentliche Akt der Initiation. In ihr werden zwei Familien mit verschiedenen Traditionen, religiösen Auffassungen und Lebensstilen zueinander in Beziehung gesetzt. Dies ist ein äußerst prekäres Unternehmen, das sich häufig nur in einem mehrjährigen Prozeß realisieren läßt, um schließlich mit der kirchlichen Trauung zu enden. Häufig wird die Trennung des Sohnes und der Tochter von der elterlichen Familie emotional aber erst mit der Geburt eines Enkels überwunden, was dann die Taufe signalisiert. Die ungelösten Konflikte mit den Eltern zum Zeitpunkt der standesamtlichen Eheschließung sind ein Erklärungsgrund, warum die kirchliche Trauung relativ seltener als andere Amtshandlungen in Anspruch genommen wird." (217)

4. *Das Interesse der kirchlichen Organisation an den Amtshandlungen*

Es sieht so aus, als ob hier eine einfache Antwort möglich wäre: Die Kirche interessiert sich an den Kasualien im Rahmen ihres Auftrages an den Menschen. Abgesehen davon, daß nach diesem Auftrag noch zu fragen wäre, ist noch ein anderer Gesichtspunkt nicht so ohne weiteres von der Hand zu weisen. Irgend jemand muß in jedem gesellschaftlichen System dem vor allem familiären Bedürfnis nach Amtshandlungen entsprechen. Ein Blick in andere Länder und Kulturen zeigt, daß sich hier sehr unterschiedliche Institutionen empfehlen. In unserem Bereich ist es die Kirche, die diese Rituale anbietet. Sie hat hier nahezu das Monopol. Man wird die Frage stellen können, ob auch von ihr gilt: „Wer immer diese Instanz ist, sie wird aus naheliegenden Gründen des Selbstinteresses es darauf anlegen, das vorliegende Bedürfnis von sich aus zu bestärken und es in ein Handlungsbündel zu kanalisieren, über das sie allein verfügt. Sie wird zudem es anderen Instanzen nach Möglichkeit schwer machen, einen eigenen Nutzen daraus zu ziehen." (220) Ein Blick auf die Auseinandersetzungen in der DDR während der fünfziger Jahre um Konfirmation und Jugendweihe zeigt, daß auch die Kirche eindeutige Interessen als Organisation an den Amtshandlungen hat. Wer heute zum Beispiel die Volkskirche erhalten möchte, muß an der Kindertaufe interessiert sein, weil diese wiederum die Basis für alles weitere kirchliche Handeln bildet bis hin zu einem kirchlichen oder staatlichen Steuersystem.

5. *Nur die Familie?*

Wir sind die Interessenfelder um die Amtshandlungen herum abgeschritten. Dabei hat die Spiegelsche Unterschung besonders auf die Familie hingewiesen. Freilich muß man noch einmal fragen, ob wir dabei nicht der Bedeutung der Amtshandlungen für den einzelnen Menschen zu wenig Gewicht beigemessen haben. Die Kommentatoren der EKD-Untersuchung „Wie stabil ist die Kirche?" (236 ff) setzen hier einen deutlicheren Akzent. Es geht eben auch um Krisen und Erfahrungen des Einzelnen, die dann die Familie in Mitleidenschaft ziehen, wie auch umgekehrt ausgesprochene Familienereignisse, etwa das Aufeinandertreffen zweier unterschiedlicher Familiensysteme, den Einzelnen berühren. Vielleicht wird man in der Akzentuierung ein Gefälle vom Land zur Stadt feststellen. Dazu verleitet die Beobachtung, daß in ländlichen Gebieten die Familienstrukturen intakter und damit schwergewichtiger sind als in ausgesprochen städtischen Verhältnissen, wo deutlich Emanzipationserscheinungen des Individuums gegenüber der Familie erkennbar werden. Freilich wird auch hier, wie jeder Großstadtpfarrer bei Traugesprächen erfahren kann, die Familie des Einzelnen immer mit anwesend sein und sei es nur so, daß jemand diese Familie in einem konträren Verhalten widerspiegelt.

Wir sind von der Frage ausgegangen, wer denn in besonderer Weise an einer Amtshandlung interessiert sei. Wir haben einige vorläufige Antworten gefunden. Sie werden noch klarer ausfallen, wenn man einmal auf die Amtshandlung selbst, also auf das Ritual blickt. Es ist das begehrte Objekt. Was ist an diesem Ritual für Einzelne, vor allem aber wohl für die Familie so interessant? Pfarrer erleben dies so, daß sie in einer besonderen Rolle begehrt sind, der des Zeremonienmeisters.

II. DER ZEREMONIENMEISTER

Der Titel löst Emotionen aus. Pfarrer zeigen dadurch ihre tiefe Kränkung an. Aber diese Abwehr kann verhindern, der Sache näherzutreten. Denn, ob ein Pfarrer es will oder nicht, bei Amtshandlungen ist er von außen gesehen, ein Zeremonienmeister. So ist es nötig, diese Seite seines Dienstes emotionsfrei zu durchleuchten. Das führt zur Diskussion der Bedeutung und Funktion der Zeremonie, des Rituals.

1. *Was ist ein Ritual?*

„Rituale sind institutionell oder nicht institutionell geregelte soziale Handlungsabläufe, die symbolische Kommunikation leisten und damit die emotionale Stabilisierung von einzelnen und die Integration von sozialen Gruppen bewirken.“[2] Was steckt hinter dieser sehr kompakten Definition?
Auf den ersten Blick sind Rituale Worte und Wortfolgen oder Handlungsabläufe zwischen Menschen. Sie sind also zunächst alltägliche Erscheinungen. Das Brot wird gebrochen, ein Mensch wird geküßt.
Aber es ist nicht irgendein Kuß, es ist nicht das Brotbrechen bei einem Frühstück. Dieser Vorgang hat noch einen symbolischen Charakter, eine zweite, die eigentliche Bedeutung. Eine Gruppe etwa drückt damit etwas aus, was nur für sie gilt. Für sie ist der einfache Vorgang zu einem Symbol, zum Ritual geworden. Jesus hat oft das Brot mit den Freunden gebrochen. Dann aber wurde dieses Brotbrechen auf Grund eines besonderen Geschehens („in

---

2 K.-F. Daiber, Die Trauung als Ritual, Evangelische Theologie 6, 1973, 582.

DER ALPTRAUM

der Nacht, da er verraten ward") zu einem bestimmenden, Gegenwart und Zukunft umfassenden Geschehen. Es wurde zum Ritual.

Das Ritual hat also für eine Gruppe oder einen Einzelnen einen Symbolcharakter. Die Gruppe „versteht" das Symbol. Man erkennt sich daran. Die Gruppenmitglieder erleben darin ein „Wir". Im Brotbrechen drücken sie die gemeinsame Erfahrung aus, sie vergewissern sich im Heute und Hier, sie zeigen aber auch, worauf sie hoffen. So hat das Ritual des Brotbrechens nicht nur eine die einzelnen integrierende Funktion, es stabilisiert auch und antizipiert, nimmt eine erhoffte Zukunft vorweg.

Aus dem bisherigen ist deutlich geworden, daß das Ritual zu einer stereotypen Handlung wird. Nur so ist es wiederholbar. Jeder kennt es. Es kann auf bestimmte Signale hin ausgelöst werden und abfolgen. Freilich wird damit auch das Problematische an Ritualen sichtbar. Sie beginnen sehr oft, ein Eigenleben zu führen und stehen in der Gefahr, sich zu entleeren. Dann wird die Form zum Inhalt. Damit aber bekommt das Ritual einen zwanghaften Charakter. Einmal entstanden und später auch gebraucht, um sich und seine Hoffnungen artikulieren zu können, kann es nun diese ersticken.

Rituale können vor der Gefahr zur leeren Form nur bewahrt werden, indem immer wieder nach deren Bedeutung gefragt wird. Symbolische Kommunikation ist nur auf der Basis zwischenmenschlicher Kommunikation möglich. So kann das Ritual nur leben vom Gespräch, das nach Übereinstimmung sucht. Hier wird sichtbar, wie wichtig die „Streckung von Kasualien", von der später gesprochen werden muß, zur Verlebendigung des Rituales, also für den Umgang mit den Amtshandlungen ist.

2. *Die Trauung als Ritual*

Karl-Fritz Daiber hat in seinem Aufsatz das kirchliche Trauritual untersucht. Er weist zunächst daraufhin, daß es in einem ganzen Ritualkomplex, der die Eheschließung insgesamt umfaßt, seinen bestimmten Ort hat. Nur einige Beobachtungen sollen das zeigen: Der befreundete Partner wird in die Familie eingeführt. Das Ver-

löbnis findet in einer begrenzten Öffentlichkeit statt und weist damit auf ein neues, entstehendes Ehegebilde hin. Am Polterabend sind besonders Freunde und Bekannte aufgerufen, das neue Paar zu integrieren. Sie drücken es auf ihre Weise aus. Der Akt im Standesamt zielt auf die Rechtsfolge innerhalb des gesellschaftlichen Systems. Die Hochzeitseinladung in ihrer verschiedenartigen Form von der Anzeige über die persönliche Ansprache bis hin zur Annonce macht den Umkreis des Geflechtes deutlich, in dem diese neue, entstehende Familie stehen wird. Geschenke signalisieren, daß die neue Ehe akzeptiert wird. Vereine und ähnliche Gruppen treten möglicherweise bei der kirchlichen Trauung auf und demonstrieren noch einmal konkret erlebbare Gesellschaft. Erst in diesem größeren Zusammenhang steht das Trauritual.
Blickt man auf diese Eheschließungsrituale, dann wird die Vermutung Spiegels bestätigt, daß die Eheschließung und deren Ritual sich stark auf die hier in Aktion tretenden Familien bezieht.
Was aber ist die Funktion des kirchlichen Traurituals? Daiber weist auf drei Aufgaben hin, die uns gleichzeitig noch einmal die Frage beantworten: Warum wird diese Amtshandlung begehrt?

a) Integration

Denkt man daran, daß es bei einer Trauung ja nicht nur um das Paar, sondern in besonderer Weise auch um die beiden Familien geht, dann wird der Hinweis verständlich: „Eine Integrationsleistung kommt dem Traugottesdienst in erster Linie deshalb zu, weil er eine ritualisierte Gestalt der Familienfeier darstellt, in der sich der Familienverband als solcher aktualisieren kann. Der Gottesdienst ermöglicht zudem, emotionale Zuwendung in außer-alltäglicher Form auszudrücken. Er gewinnt so eine entlastende Funktion, er ist geprägte Form der Feier, die übernommen werden kann. Das Bedürfnis nach Feierlichkeit wird nicht selten im Zusammenhang mit der Trauung als übergreifende Erwartung zum Ausdruck gebracht." (588) Man könnte also von einer Art Bundesschlußfeier zweier Familien sprechen. Wichtig ist dabei sicher, daß sie an einem dritten Ort und mit feierlichem Zeremoniell geschieht.

b) Artikulation

Schon immer ist Pfarrern das eben erwähnte Bedürfnis nach Feierlichkeit aufgefallen. Es hat noch eine andere Seite. Daiber sieht darin auch den Versuch, die religiöse Sinnfrage auszudrücken. So kann er sagen: „Der Gottesdienst stellt die rituelle Überwindung der Sprachlosigkeit angesichts der Sinnfrage dar." (589) Das religiöse Ritual drückt aus, was in der alltäglichen Sprache keinen Platz hat. Darum können Brautpaare häufig keine Antwort auf die Frage geben, warum sie sich kirchlich trauen lassen. Man kann fragen, ob diese Frage überhaupt sinnvoll oder gar barmherzig ist. Ist nicht das Begehren nach dem Ritual schon Antwort genug? Der Prediger muß artikulieren, was sich die Zuhörer auszudrücken scheuen. Es kommt also darauf an, den Mut zu finden, für andere zu sprechen, die Situation zu deuten. Das kann nur so geschehen, daß das Ritual selbst gedeutet wird. Symbolische Kommunikation, wie es das Ritual ist, muß ja, wie wir schon gesagt haben, nach Übereinstimmung suchen. Die Deutung ist der tastende Versuch, gemeinsame Gefühle und gemeinsames Verständnis auszudrücken. Dabei sind im Ritual selbst wichtige Ansatzpunkte zu sehen. So ist das Gebet als solches schon ein deutlicher Hinweis darauf, daß es angesichts der Erfahrung von Sinnlosigkeit einen Sinn gibt. Die Richtung zeigt die Anrede dieses Gebetes. Ähnliches ist vom Segen zu sagen. Er drückt aus, daß das Leben nicht bloß aktive Gestaltung ist, sondern auch wesentlich ein Empfangen. Hier wird zugleich die zufällige Begegnung zweier Menschen als Geschenk, als Führung gedeutet.

c) Stabilisierung

Der Traugottesdienst „stabilisiert den Einzelnen, den Partnerbezug und indirekt damit auch die Gruppe." (590) Angesichts der Gefahr, daß eine Ehe im Alltag verflacht oder sich gar auflöst, wird signalisiert, daß es Hoffnung gibt. So kann das Ritual Angst bewältigen helfen. Freilich wird gerade hier auch die Gefahr des Rituals deutlich. Es möchte eigentlich Mut zu einer verantwortlichen Lebensgestaltung machen. Es kann aber auch als magische Handlung mißverstanden werden auf Kosten jenes verantwortlichen Zusammenlebens. Es wird gerade Aufgabe der Deutung dieses Rituals sein, dieses Mißverständnis erst gar nicht aufkommen zu lassen und dort, wo es begegnet, in Frage zu stellen.

3. *Der Zeremonienmeister?*

Wir stellen noch einmal die Frage nach dem Pfarrer als Zeremonienmeister. Soviel ist bis jetzt schon deutlich:

a) Wenn ein Zeremonienmeister jemand ist, der Rituale für bestimmte Situationen zur Verfügung hat und mit ihnen umgehen kann, dann ist der Pfarrer mit Recht so zu nennen.

b) Erinnert man sich daran, daß das Ritual es Menschen ermöglicht, an wichtigen Positionsübergängen des Lebens Deutung und Geborgenheit zu erleben, dann bekommt dieser Zeremonienmeister eine diakonische Funktion. In einer Welt der Desintegration hilft er, Unaussprechbares zu artikulieren und trägt zur Stabilisierung der Menschen bei. Nur wer diese Gesichtspunkte grundsätzlich für theologisch nicht vertretbar hält, kann den Zeremonienmeister ablehnen.

c) Deutlich ist – und das unterstreicht die EKD-Untersuchung –, daß hier nicht in erster Linie die Institution Kirche gefragt ist, sondern der Pfarrer. In ihm ist Kirche personal präsent. Die weiteren Überlegungen über eine sogenannte „Kasualkirche“ werden das noch verdeutlichen.

d) Die Frage, inwieweit der Zeremonienmeister als Pfarrer auch noch anderen Interessen, etwa einem Auftrag, einer Gemeinde usw., verpflichtet ist, muß noch behandelt werden. Diesem Grundproblem soll nun weiter nachgegangen werden.

III. GOTT DIENEN ODER DEM BAAL

Wie geht nun die Kirche mit den Erwartungen und Bedürfnissen um, die an sie herangetragen werden? Es ist gar keine Frage, daß hier ein Konflikt sichtbar wird; denn die theologischen Normen dieser Kirche sind mit jenen vielfältigen Bedürfnissen auf den ersten Blick schwer in Einklang zu bringen. Das empfindet der Pfarrer bei vielen Gemeindegliedern sehr deutlich, die zu ihm wegen einer Amtshandlung kommen. Und hier sitzt die Angst, die Rolle des Dieners am Evangelium preisgeben und das bunte Gewand des Zeremonienmeisters, der nur Bedürfnisse befriedigt, anlegen zu müssen. In Praxis und Theorie wird dieser Konflikt zwischen theologischer Norm und den Erwartungen der Menschen sehr unterschiedlich angegangen. Es lohnt sich, dies einmal festzuhalten.

1. *Die Anpassung*

Wenn die Menschen schon in ihren Erwartungen nicht zu ändern sind, dann muß der Pfarrer sich der Gegebenheit anpassen. Er tut das, indem er die eigene Norm verändert oder sich passende theologische Vorstellungen aneignet. Man kann dem Wunsch nach einer Kasualie nachgeben und gleichzeitig darauf verzichten, die Einstellung seiner Gesprächspartner zu ändern, in dem man sich mit der Feststellung zufrieden gibt, daß durch die Teilnahme an einer kirchlichen Amtshandlung auch ein Ja zur Sache selbst zum Ausdruck komme. Sollte das nur in geringem Maße in Erscheinung treten, dann kann der Gedanke beruhigen, daß auf jeden Fall das bei dieser Amtshandlung gesagte Evangelium oder die Anwesenheit des Pfarrers wirke. Der tatsächlich vorhandene Konflikt wird so verdrängt, Volkskirche wird hier als eine Harmonie von Evangelium und menschlichen Interessen hingestellt. Die Beobachtung, daß manchmal über die Kasualien und deren Problematik ungern gesprochen wird, zeigt allerdings, daß ein unbewußtes Spannungsverhältnis vorhanden ist. Allergische Reaktionen auf das Stichwort „Zeremonienmeister" deuten in eine ähnliche Richtung.

2. *Die Amtshandlung als Chance*

In den meisten Fällen wird von Pfarrern der Konflikt bewußt empfunden. Man merkt, wie sich hier offenbar zwei Welten begegnen, und man nimmt den Kampf auf. Es geht nun darum, die Gesprächspartner auf die eigenen Vorstellungen und Normen festzulegen, sie also auf die Seite der Kirche herüberzuziehen. Für manche ist hier das Traugespräch wichtig. Hier wird versucht, indem man der Trauagende entlang geht, wenigstens die wichtigsten Voraussetzungen dafür zu schaffen, daß mit gutem Gewissen die Amtshandlung vollzogen werden kann. So erwecken manche dieser Gespräche den Eindruck, als wollte der Pfarrer in einer Stunde all das nachholen, was Religions- und Konfirmandenunterricht nicht geleistet haben, und was Gottesdienst und Seminarangebote nicht schaffen konnten, weil sich diese Gemeindeglieder nicht daran beteiligten. Es ist gar keine Frage, daß Zeitdruck und die Rücksichtnahme auf die Menschen sehr bald zu einem guten Gewissen drängen. So bleibt noch die Ansprache, auf die andere ihr Schwergewicht legen. Der Konflikt soll in der Verkündigung gelöst werden. Der Kasus wird zur missionarischen Gelegenheit. In manchen Fällen wird dabei die Traugemeinde wichtiger als das Paar, vor allem, wenn man glaubt, im vorausgehenden Traugespräch diesem schon alles gesagt zu haben. Analysen solcher Trauansprachen zeigen einen bezeichnenden Vierschritt: Augenblickliches Glück, drohende Gefahren, das Glück in Jesus, ein Glück, das nur auf Grund bestimmter Bedingungen (Beten, Bibellesen, Gottesdienst usw.) zu haben ist. Aber wird so der Konflikt zwischen kirchlichem und menschlichem Interesse wirklich gelöst? Wird nicht hier in einer höchst problematischen Weise der Kasus mißbraucht? Es ist ja klar, daß der, der die Kasualien begehrt, in der schwächeren Position ist. Er merkt sehr wohl, daß er die Amtshandlung nur erhält, wenn er die Bedingungen des Amtsträgers erfüllt. Die Gefahr besteht, daß er nur zum Schein darauf eingeht, und kein echtes Gespräch unter Partnern zustande kommt. Auch wenn man dem Wort einer Ansprache traut, wird man diesen Fragen nicht ausweichen können. Konsequenter ist Rudolf Bohren. Er drückt aus, was die kirchliche Basis für die Amtshandlung ist und verwirft den Versuch, diese Amtshandlungen als missionarische Chance zu sehen, als illusionär und gefährlich.

3. *Der Kasualstreik*

Rudolf Bohren hat das Unbehagen an den volkskirchlichen Kasualien in einem längeren Aufsatz[3] deutlich und manchmal zornig artikuliert. Seine Sicht aus einer Theologie des Wortes heraus: „So geht's nicht mehr." (14) Zunächst weist er auf die emotionale Überforderung der Pfarrer hin, die sich aus den wechselnden Situationen von Freude und Trauer im Laufe einer Woche ergeben (14 ff). Er zeigt die Alleinherrschaft der menschlichen Situation auf, in der Evangelium und Verkündigung eigentlich nicht gefragt sind (16 ff). Sein Unbehagen wird dort richtig deutlich, wo er schildert, wie der Pfarrer dazu gedrängt wird, an dem Spiel zur Erlangung von höheren Weihen mitzuspielen, das er eigentlich gar nicht will. Er wehrt sich gegen diesen Zwang zur Unredlichkeit, weil der Pfarrer die Handlung ernster nehmen muß als das Evangelium (17). Die Konsequenzen sind für Bohren erschrekkend. Durch diese Kasualpraxis wird die Gemeinde immunisiert (18) und die Kasualrede baalisiert (19). Gottes Ehre wird geschändet, man bestätigt Gemeindegliedern, Christen zu sein, ohne daß sie es in Wirklichkeit sind (24). Die Kasualpraxis wird zur Sünde (24). Für Bohren ist es nun wichtig, die Praxis zu ändern. Er möchte um die Kasualien herum ein Katechumenat aufbauen, etwa Taufunterricht für Eltern, Brautunterricht vor und nach der Trauung usw. Er vertritt im Gefolge Karl Barths eine „Gemeindekirche", in der die Kasualien einen festen Sitz in den Häusern der Christen haben. In ihnen erteilt der mündige Hausvater Unterricht, pflegt Sakramente und Gottesdienste. Bohrens Aufruf gilt den Pfarrern. Ein Kasualstreik soll es möglich machen, daß Gemeindeglieder ihre Verantwortung erkennen. Die Kirche hilft, indem sie diese schult.

Das theologische Anliegen ist deutlich. Man kann es nicht lösen von einem Konzept der Gemeinde, dort „Gemeindekirche" genannt. Es ist eine Bekennende Kirche auf Ortsebene, klar unterschieden von einer religiös diffusen Volkskirche. Freilich wird man sagen müssen, der Kasualstreik hat fast nirgends stattgefunden, die Gemeindekirche hat sich in dieser Gestalt nicht realisie-

3 R. Bohren, Unsere Kasualpraxis – eine missionarische Gelegenheit?, Theologische Existenz heute Nr. 147, München 1968[4]

ren lassen, obgleich die Sollvorstellungen der kirchlichen Lebensordnungen deutliche Züge dieser Gemeindekirche tragen. Man muß dieses Auseinanderfallen von volkskirchlicher Wirklichkeit und jenen Sollvorstellungen sehen. Da auch unsere Agenden und weithin die kirchliche Unterweisung von den Normen der Gemeindekirche ausgehen, muß in einem folgenden Abschnitt zunächst der Prozeß der Verkirchlichung der Kasualien nachgezeichnet werden. Damit wird der Konflikt zwischen volkskirchlicher Wirklichkeit und gemeindekirchlicher Norm besonders deutlich. Ein theologischer Neuansatz im Blick auf die Kasualien ist nur möglich, wenn man sich diesen Prozeß der Verkirchlichung bewußt gemacht und verarbeitet hat.

IV. WEIHEHANDLUNG ODER GEMEINDEGOTTESDIENST

Wir haben einige Möglichkeiten gezeigt, wie in der Kirche der Konflikt zwischen den theologischen Vorstellungen und den Bedürfnissen oder Erwartungen der Menschen gesehen und bearbeitet wird. Die Geschichte der Beurteilung der Amtshandlungen durch die Kirche selbst ist die Geschichte zäher Versuche, diese Amtshandlungen aus einem diffusen gesellschaftlichen Bereich in die geordnete kirchliche Gemeinde zu ziehen. Die Trennung von Kirche und Staat nach dem ersten Weltkrieg hat diesen Prozeß beschleunigt, der sich bereits im 19. Jahrhundert anbahnte. Immer weniger waren kirchliche, gesellschaftliche und familiäre Interessen in Einklang zu bringen. Ruhten einst die kirchlichen Amtshandlungen auf einem allgemeinen gesellschaftlichen Bewußtsein, auf Tradition und Sitte, so zeigte sich diese Basis als immer weniger tragfähig. Der eingangs besprochene Aufsatz von Yorick Spiegel zeigt Konsequenzen auf, die die Kirche aus diesem Auseinandertriften von gesellschaftlichen und kirchlichen Vorstellungen gezogen hat. Sie regen zu weitergehenden Überlegungen an.

1. *Die Besinnung auf theologische Normen*

Zu den selbstverständlichen Funktionen der Kirche gehörte es, für die Moral der Gesellschaft zuständig zu sein. In dem Maße aber, als Tradition und Sitte verblaßten, konnte sich die Kirche nur dieser traditionellen Verpflichtung entziehen, Hüter der Moral der Gesamtgesellschaft zu sein. Bisher sagte die Sitte, was bei gefallenen Mädchen und Geschiedenen zu tun sei. Da diese gemeinsame, ungeschriebene Übereinkunft immer fragwürdiger wurde, mußte sich die Kirche nach eigenen Normen umsehen und diese deutlich formulieren. So läßt sich in der Entwicklung der kirchlichen Lebensordnung zeigen, wie immer weniger von der herrschenden Sitte und Tradition her argumentiert wird. Eigene, aus dem gesellschaftlichen Bewußtsein nicht mehr ableitbare theologische Normen treten an ihre Stelle.

2. *Der Bezug auf die Gemeinde*

Die nun deutlich formulierten theologischen Normen bekommen ihren Sitz in der Gemeinde. Sie wird zum eigentlichen Bezugspunkt aller Amtshandlungen. Seit den zwanziger Jahren werden sie immer deutlicher als Gemeindehandlungen gefordert, auch wenn die Wirklichkeit weit hinter diesen Forderungen zurückbleibt; denn von der Gemeinde sind oft nur der Mesner und die Kinder anwesend. Dennoch wird die Vorstellung aufrecht erhalten, daß Amtshandlungen in der Gemeinde zu geschehen haben. Freilich entsteht dabei auch ein Konflikt innerhalb des kirchlichen Systems selbst. Wenn die Kasualien Gemeindeangelegenheit sind, muß diese auf Kirchenzucht drängen. Sie muß wenigstens Teile der Vorstellungen, die Bohren entwickelt, verwirklichen. So kann dann nicht jedes Kind getauft oder konfirmiert, nicht jeder getraut oder beerdigt werden. Das aber stellt wieder das volkskirchliche System als Ganzes in Frage. Am Beispiel der Trauung Geschiedener oder der Konfirmation läßt sich das deutlich erkennen. Hier haben Kirchenleitungen oft andere Interessen als der Gemeindepfarrer. Hier wird schon das Grundproblem sichtbar: Ist die Kerngemeinde, im folgenden auch „Gemeindekirche" genannt, einziger Bezugspunkt der Amtshandlungen? Sind Amtshandlungen nur dann verantwortbar, wenn sie in die Gemeindekirche hineinführen?

3. *Die Verkirchlichung der Amtshandlungen*

Es ist nur konsequent, wenn im Laufe der letzten Jahrzehnte die Amtshandlungen zunehmend in kirchliche Räume verlegt werden. So werden die Haustaufen immer seltener. Günther Dehn bezeichnet 1950 rückschauend die Haustaufen nachdrücklich als „die Brutstätte der Umwandlung der Taufe in ein Fest der Lebensweihe und des persönlichen Familienglücks“ (Spiegel, aaO., 223). Die Lebensordnungen ziehen nach. Ihre Formulierungen werden immer restriktiver. Auch im Bereich der Trauungen läßt sich diese Entwicklung feststellen. Haustrauungen sind heute ganz seltene Ausnahmen. Man traut in der Kirche. „Damit wird der Vertreter der Kirche Hausherr und kann das Verhalten aller Beteiligten ganz anders bestimmen, als in einer Privatwohnung“ (ebd., 224). Ein Blick in die Gemeindewirklichkeit zeigt, daß man es zwar weitgehend geschafft hat, die Amtshandlungen in Kliniken und Häusern zu beseitigen und sie in die Kirche zu verlegen, wo sie aber nichtsdestoweniger Sache der Familien geblieben sind. Hier stößt die Kirche auf das kaum zu bezähmende Interesse der Familien, diese Amtshandlung als ihre Angelegenheit verstehen zu dürfen. Die Frage ist auch hier erlaubt, ob denn diese Verkirchlichung der Amtshandlungen, dieses oft hartnäckige Ignorieren der Interessen der Menschen wirklich richtig ist. Kann man wirklich nüchtern und engagiert Gemeindearbeit betreiben, indem man Illusionen pflegt? Die Vorstellung, daß die meisten Kasualien Gottesdienste der Gemeinde im Sinne der kirchlichen Lebensordnung seien, ist eine Illusion.

4. *Die kirchenrechtliche Verankerung*

In der Konsequenz der Entwicklung liegt auch die Verrechtlichung der Amtshandlung. Die Voraussetzungen für den Vollzug werden zunehmend verschärft. So wird auf die kirchliche Zugehörigkeit der Eltern bei der Taufanmeldung geachtet, Konfirmation und kirchliche Trauung werden verlangt, um die jeweils nachfolgenden Kasualien vollziehen zu können. „Damit wurden kirchenrechtliche Vorschriften in einen Raum verlegt, der sich gera-

de dadurch auszeichnet, daß er von unmittelbaren gesellschaftlichen Kontrollen freigehalten wird." (Spiegel, aaO., 224) Gemeint ist die Familie, jene Pufferzone zwischen Gesellschaft und Individuum. Manche Gespräche mit Menschen, die der Kirche nicht abgeneigt sind, zeigen, wie rechtliche Vorstellungen als Eingriffe in den Intimbereich der Familie empfunden werden. Der Sabbat ist um des Menschen willen da und nicht umgekehrt. Hier wird die unevangelische Seite dieser Verrechtlichung, die Gefahr für jede konkrete Seelsorge sichtbar.
Inwiefern die Beobachtungen zutreffen, muß eine Textanalyse ergeben. Der nachfolgende Text aus der „Ordnung des kirchlichen Lebens in der evangelisch-lutherischen Kirche in Bayern" (VII, 3 Eheschließung und Trauung[4] kann unter folgenden Fragestellungen gelesen werden:

– Aus welchem Bereich stammen die Normen für die erwarteten Verhaltensweisen? (VII, 1 sagt biblisch Grundsätzliches zur Ehe).
– Wie wird die Amtshandlung der Trauung verstanden, welche inhaltlichen Aussagen werden gemacht?
– Welche Voraussetzungen und Bedingungen werden an die Trauung geknüpft?

Eheschließung und Trauung

„Bei der standesamtlichen Eheschließung wird ausgesprochen, daß zwei Menschen nun rechtmäßig verbunden sind. Christen wissen aber, daß zum Eingehen einer Ehe mehr gehört als ein rechtlicher Vorgang. Sie glauben, daß Gott Herr und Beistand ihrer Ehe ist. Zu ihm kommen sie in der kirchlichen Trauung. Wer sie ablehnt, muß sich fragen, ob er in seiner Ehe auf Gottes Verheißung und Hilfe verzichten will.

Die Trauung sollte der Eheschließung vor dem Standesbeamten möglichst bald folgen. Zur Trauung melden sich die Brautleute rechtzeitig beim Pfarrer an. Sie weisen nach, daß sie getauft und Glieder einer christlichen Kirche sind. Dabei ist vorausgesetzt, daß zumindest einer von ihnen evangelisch-lutherischen Bekenntnisses und konfirmiert ist. Bei der Anmeldung stellt der Pfarrer auch fest, ob etwa Gründe vorliegen, die einer Trauung im Wege stehen.

Im kirchlichen Aufgebot wird das Brautpaar mit der Abkündigung in die Fürbitte der Gemeinde aufgenommen. Vor der Trauung hält der Pfarrer mit den

---

4 in: Rechtssammlung der Evang.-Luth. Kirche in Bayern, hg. vom Landeskirchenrat der Evang.-Luth. Kirche in Bayern, bearbeitet von J. Heinzel, München 1975 ff, Nr. 200

Brautleuten das Traugespräch. Dabei spricht er mit ihnen über die christliche Führung der Ehe, über die Gestaltung des Hochzeitstages und über Sinn und Verlauf der Trauung.

Die Trauung ist ein öffentlicher Gottesdienst. Den Brautleuten wird das Wort Gottes zu ihrer Ehe gesagt. Vor Gott und der Gemeinde versprechen sie einander die Treue. Sie empfangen den Segen für ihren neuen Stand. Mit ihrer Fürbitte steht die Gemeinde denen bei, die ihre Ehe beginnen.

Die Traufrage und Antwort lautet:
‚Willst du diese(n) N.N., die(den) Gott dir anvertraut, als deine(n) Ehefrau (Ehemann) lieben und ehren und die Ehe mit ihr (ihm) nach Gottes Gebot und Verheißung führen in guten wie in bösen Tagen, bis der Tod euch scheidet, so antworte: Ja, mit Gottes Hilfe.‘

‚Ja, mit Gottes Hilfe.‘

Ein guter Anfang der Ehe ist es, wenn Braut und Bräutigam anläßlich der Trauung zum Heiligen Abendmahl gehen.

In der Christenheit ist es gute Sitte, daß die ersten Feiertage von Weihnachten, Ostern und Pfingsten, der Buß- und Bettag sowie die Karwoche als ‚geschlossene Zeiten‘ gelten, daß heißt, daß in dieser Zeit keine Trauungen mit ihren anschließenden Festlichkeiten stattfinden. In manchen Gemeinden gilt das auch für die ganze Advents- und Passionszeit.

Wenn eine der Eheschließenden den christlichen Glauben offen ablehnt, das Wort Gottes verächtlich macht oder durch sein Leben der Gemeinde offensichtlich Anstoß gibt, kann die Trauung nicht gewährt werden. Die Trauung ist auch zu versagen, wenn die Brautleute beabsichtigen, eine ‚Eheweihe‘ durch eine Weltanschauungsgemeinschaft vornehmen zu lassen. In fraglichen Fällen entscheidet der Pfarrer in seelsorgerlicher Verantwortung nach sorgsamer Prüfung aller Umstände und nach Anhören des Kirchenvorstandes. Wird die Trauung versagt, so kann eine Überprüfung der Entscheidung beantragt werden.“

V. DIE VOLKSKIRCHE IST GRÖSSER ALS DIE GEMEINDEKIRCHE

Eine Neuorientierung im Blick auf die kirchlichen Amtshandlungen kann nicht an der konkreten Analyse der volkskirchlichen Situation vorbeigehen. Es wurde ja doch deutlich, daß sich manche Schwierigkeiten gerade aus Unklarheiten und nicht realisierbaren Forderungen ergeben. So spricht man einerseits von der Volkskirche als Ganzes und geht andererseits stillschweigend davon aus, daß diese sich gerade in den um Wort und Sakrament versammelten Kerngemeinden darstellt. Die Lebensordnungen, für alle der Institution Kirche angehörenden Mitglieder gedacht, geben Normen wieder, die sich schon schwer genug in jenen kleinen Kerngemeinden begründen und realisieren lassen. Die vielen aber, die diese Kasualien begehren, gehen diesen von der Gemeindekirche geforderten Weg nicht mit, möchten aber dennoch in irgendeiner Weise als Christen angesprochen werden. Die beiden großen Untersuchungen der EKD und VELKD zeichnen ein deutlicheres Bild von der Vielgestaltigkeit der Volkskirche. Es lassen sich mit einiger Vergröberung drei Bereiche ausmachen, die sich natürlich je nach regionaler Begebenheit mehr oder minder stark überlappen.

1. *Die Gemeindekirche*

Sie sammelt sich weithin um den Gottesdienst und in den Kreisen und Gruppen. Die Kirchenmitglieder dieses Bereiches orientieren sich in ihrem Verhalten an der Institution. Sie entsprechen also den Normvorstellungen, wie sie etwa in der Ordnung kirchlichen Lebens festgehalten sind, indem sie mehr oder minder intensiv an den Angeboten dieser Institution teilnehmen. Dazu gehören selbstverständlich die Kasualien. Ihre eigenen persönlichen Bedürfnisse treten scheinbar hinter jenen Normvorstellungen zurück, vermutlich deshalb, weil sie sich diese zu eigen gemacht und ihren eigenen Bedürfnissen verbunden haben. Sie fühlen sich im Einklang mit der Kirche. Man findet in diesem Bereich allerdings auch Kirchenmitglieder, die mit ihren persönlichen Wertvorstellungen mit dieser Kirche in Konflikt geraten sind. Persönliche Beziehungen zum Pfarrer oder zu Gemeindegliedern, eine starke religiöse Erziehung und manch andere Gründe sind für diese Inkonsequenz verantwortlich. (Vgl. das Problem der sogenannten „uneigentlichen" Gottesdienstgänger in der VELKD-Untersuchung.) Der Umfang dieser Gemeindekirche ist relativ klein, er läßt sich vor allem am Gottesdienstbesuch ablesen.

2. *Die Kasualkirche*

Kirchenmitglieder in diesem Bereich haben ein anderes Verhältnis zur Institution. Es aktualisiert sich punktuell, wenn durch den Lebenszyklus oder durch andere konkrete Anlässe religiöse Bedürfnisse ausgelöst werden. Im Blick auf die Trauung wurde das in den vorausgehenden Abschnitten beschrieben. Es trifft aber auch auf Kasualgottesdienste zu, die im Jahresrhythmus stehen, z.B. an Weihnachten oder am Erntedankfest. Der Kontakt zur Institution tritt in dem Maße wieder zurück, als der Kasus im Leben dieser Menschen verblaßt. Es wurde schon darauf hingewiesen, daß es eigentlich nicht die Institution an sich ist, die hier gesucht wird. Verlangt wird der Pfarrer. In ihm begegnet die Institution. Diese Begegnung reicht aber in den seltensten Fällen aus, um die Menschen aus diesem Bereich in die Gemeindekirche hinüberwechseln zu lassen. Hier wird auch sichtbar, daß es in dieser Begegnung weniger um die menschliche Seite des Pfarrers als vielmehr um seine amtliche Rolle geht. Zählt man die Kasualgottesdienste an Festtagen dazu, dann dürfte dieser Bereich gut 60 % aller nominellen Kirchenmitglieder umfassen. Eine riesige Gemeinde!

3. *Engagierte Christen*

Beide Untersuchungen weisen auch auf mehr oder minder klar umrissene Gruppen „engagierter Christen“ hin. Sie unterscheiden sich von den beiden anderen Bereichen in ihrer Begründung der Mitgliedschaft. Während in der Gemeindekirche die traditionelle Komponente, im anderen Bereich die Bedürfnisorientierung und damit in beiden eine kaum fraglich gewordene Kirchenmitgliedschaft festzustellen ist, zeigt sich jene Gruppe eindeutig distanziert. Sie hat ein ebenso kritisches Verhältnis zur Gemeinde- wie zur Kasualkirche. Freilich kann sie ohne das Widerlager der Institution kaum gedacht werden. Insofern sind diese Gruppen oder einzelnen Christen Erscheinungsformen der Volkskirche, vergleichbar protestierenden politischen Gruppen am Rande von Großorganisationen, die ja auch in der Gefahr stehen, aus vielen

Gründen ihren ideellen Gehalt den Gegebenheiten anzupassen. Im kirchlichen Bereich trifft man auf diese distanzierte Haltung bei kommunitären Kreisen ebenso wie auf gesellschaftspolitisch aktive Gruppen, etwa Studentengemeinden. Wie verhalten sich diese zu den Amtshandlungen? Es ist zu vermuten, daß weder das familiale System noch kirchliche Ordnungen Grund genug bieten, etwa eine kirchliche Trauung zu begehren. Starke persönliche Motivationen, aber auch Impulse aus dem jeweiligen Kirchenverständnis der Gruppe heraus werden hier eine Rolle spielen. Tradition ist hier bewußt angeeignet, indem sie verändert und in ein neues Beziehungssystem gebracht wird. So kann die Kindertaufe zum Ausdruck dafür werden, daß man sich in einer Gruppe für die Sprachlosen und Unmündigen einer Gesellschaft engagiert.

4. *Zielvorstellung lebendige Volkskirche*

Empirische Daten sind keine geistlichen Normen. Darum muß nach einer theologischen Beurteilung der volkskirchlichen Situation gefragt werden. Die vorgestellten Überlegungen basieren auf einer Zustimmung zu folgenden Sätzen, die ein Ausschuß der Generalsynode der VELKD während der Synodaltagung in Rummelsberg 1974 formuliert hat:
„Sie (die Volkskirche) ist die Gestalt der Kirche, die nach unserer Erkenntnis gegenwärtig am besten der gesellschaftlichen Situation und dem Auftrag der Kirche, die Botschaft von der Rechtfertigung des Gottlosen allen Menschen zu verkündigen, entspricht. Von einer Theologie der Inkarnation her kann auch ihre Ambivalenz bejaht werden. Sie ist gleichzeitig Geschöpf des Wortes und gesellschaftliche Ausprägung menschlicher Religiosität."
„Angesichts der bestehenden Vielgestalt der Volkskirche ergibt sich die Frage nach der Identität dieser Kirche. Diese liegt im Zentrum ihres Glaubens, der Rechtfertigung des Gottlosen. Ausgehend von dieser Rechtfertigung sehen wir nicht Abgrenzung, sondern Öffnung als Konsequenz. So verständlich der Ruf nach abgrenzbarer und sichtbarer Einheitlichkeit ist, so bedeutet er doch gleichzeitig die Infragestellung der Volkskirche, da diese Einheitlichkeit am ehesten in kleinen Gesinnungskirchen (‚linker' oder ‚rechter'

Provenienz) darstellbar ist. So gehört die Pluralität, wenn man darunter die ‚Identität der Weite' der Rechtfertigungsbotschaft versteht, zur Gestalt der Volkskirche."

Das Globalziel für alle Bemühungen um die Kirche muß in den nächsten Jahren lauten: Verlebendigung der Volkskirche in Richtung auf mehr bewußte Mitgliedschaft bei gleichzeitigem Offenhalten dieser Kirche als plurales System.

So zeichnet sich eine dreifache Strategie ab:

1. Verlebendigung der Gemeindekirche durch Neugestaltung ihrer Kreise und ihres Gottesdienstes.
2. Pflege der Kasualien durch neue, situationsgerechte Handlungen, die in ein Netz von vorbereitender und nachgehender Seelsorge und Beratung eingebettet sind.
3. Bemühungen um die „engagierten Christen", die in zunehmend kritische Distanz zur Volkskirche treten, um deren Erkenntnisse und Erfahrungen für die gesamte Kirche fruchtbar zu machen.

Im Blick auf die Trauung sollen diese Ansätze in den folgenden Überlegungen fortgeführt werden.

VI. THEOLOGISCH NEUES DENKEN

Theologie kann nicht abgesehen von der konkreten Situation betrieben werden. So kann man auch nicht von einer abstrakten theologischen Lehre der kirchlichen Trauung ausgehen und dann erst praktische Konsequenzen ziehen, so wenig es eine Ehe an sich gibt, die zeitlos theologisch zu beschreiben wäre. Wir leben in einer Übergangssituation der Volkskirche. Und für diese Situation ist auszusagen, wie das Evangelium von Jesus mit den Problemen und Bedürfnissen der Menschen und der Lage von Kirche und Gemeinden zusammenzubringen ist. Einige Perspektiven sind bereits deutlich.

1. *Eine neue Beurteilung der Kasualfrömmigkeit*

Gott oder Baal. Daß ein Wahrheitsmoment in dieser Formulierung liegt, gerade wenn man sie auf die Trauung bezieht, wird niemand leugnen. Gott und Baal bleiben eine Alternative. Aber so, wie es Rudolf Bohren tut, ist diese Alternative nicht verantwortbar, weil sie unbarmherzig ist. Mit Bohrens Ansatz hätte Jesus jene kranke Frau, die sich vom Berühren seiner Kleider Heilung erwartete, zurückweisen müssen. Er hat es nicht getan. Wohl deshalb nicht, weil er die Situation dieser Frau ernster nehmen konnte als eine Theologie des „Wortes an sich" es kann. Und man darf annehmen, daß Jesus darauf vertraute, daß einer diffusen Religiosität auch die Augen aufgehen können. Er hat hier Glauben entdeckt, wo Magie zu herrschen schien.

Die Kommentatoren von „Wie stabil ist die Kirche?" geben die Richtung für ein neues theologisches Beurteilen der hinter den Amtshandlungen stehenden Interessen und Bedürfnisse an. Wesentlich dabei ist der Gesichtspunkt der Korrelation. Er kann auch über die Identitätsfrage hinaus, die für die Verfasser im Blick auf die Kasualien wichtig ist, angewendet werden:

„Die Frage ‚Wer bin ich? Wo gehöre ich hin? Wozu bin ich da?' wird zu einer in jeder Lebensphase neu sich stellenden Schlüsselfrage menschlichen Daseins. War die Identitätsproblematik schon von jeher von der Art, daß religiöse Akzentuierung und Gestaltung, Orientierung und Begleitung unentbehrlich schienen, ja daß organisierte Religion hier einen entscheidenden Funktionsbereich hatte, so ist zunächst nicht einzusehen, mit welchem Recht das Sich-Durchhalten dieses Bedürfnisses angesichts einer verschärften Identitätsproblematik als ‚Entfremdung', ‚Entkirchlichung', ‚Zerfall' abqualifiziert wird. Es ist auch christlich und theologisch nicht einzusehen. Zwar mag es und wird es eine Differenz geben zwischen den Erwartungen der Menschen an die Kirche und der Identifizierungshilfe, die die Kirche von ihrer Tradition her zu geben vermag. Aber daß die Tradition des christlichen Glaubens als eine Tradition der Identifizierung des Menschen durch die Liebe Gottes, wie sie in Christus verbürgt wird, interpretiert werden darf und muß, daran kann kaum ein Zweifel sein. Es gab hier von jeher eine wirkliche und legitime Korrelation von Frage und Antwort, Bedürfnis und Angebot. In der Sicht einer Mehrheit der Evangelischen gibt es sie, trotz aller Veränderungen, offenbar auch heute noch, zumindest in der Erwartung." (aaO., 237)

2. *Die Trauung als Diakonie und Seelsorge*

Bei den Überlegungen zur Rolle des Zeremonienmeisters ist uns schon die diakonische Seite seines Tuns begegnet. Diese Überlegung ist insofern wichtig, als sie über eine verbalistische protestantische Engführung hinwegkommt. Damit wird nicht nur das verkündigte Wort bei der Trauung wichtig, die Handlung selber wird zu einem diakonischen Tun. Und so wie anderes diakonisches Handeln Mißverständnissen ausgesetzt ist, kann es sich auch hier nicht davor bewahren.

Diakonie ist nicht stumm. Sie gibt hilfreiche Antwort. Den Begriff Seelsorge auf die Kasualhandlung anzuwenden ist vielleicht besser, als von Verkündigung zu sprechen. Natürlich ist sie auch das, aber nicht losgelöst vom Kasus und ohne Neben- oder Fernziele, die die Situation mißbrauchen.

Spiegel meint: „Daß es dem Pfarrer schwerfällt, in den Amtshandlungen einen seelsorgerlichen Ansatz zu finden, mag an drei spezifischen Problemen liegen, nämlich dem Konflikt zwischen Ritual und Intimität, der Neigung zur Sentimentalisierung der Amtshandlungen und der Tendenz zur Glorifizierung und religiösen Überhöhung der familialen Beziehungen.“ (aaO., 228) In allen drei Bereichen ist ein distanziertes Verhältnis des Pfarrers zu spüren. Es muß wohl noch deutlicher reflektiert werden, warum es hier Schwierigkeiten hat. Ist es die Angst, sich einzugeben? Die Angst vor eigenen Gefühlen? Die Sorge, daß eine Sentimentalisierung das Hören auf das Wort verschließt? Oder geht es um ein Verhaftetsein an bestimmte aus dem Mittelstand kommende Vorstellungen von Trost, Geschmack und künstlerische Qualität? Wie ist der Hang zur Glorifizierung zu beurteilen? Arme Leute haben hier andere und anders zu beurteilende Interessen als Reiche. Jedenfalls kommen hier, wie Bohren mit Recht sieht, große Anforderungen auf den Pfarrer zu. Nur darf er sich ihnen nicht entziehen. Er muß sensibel werden für die konkrete Situation. Es wird von ihm verlangt, daß er die menschlichen Krisensituationen selber emotional glaubwürdig durchgearbeitet hat und die Bearbeitung der Situation bei den betroffenen Gemeindegliedern in Gang setzen kann. Um diese glaubwürdige emotionale Auseinandersetzung geht es. Es ist gar keine Frage, daß er dafür stärker aus- und fortgebildet werden muß. Es wird ihm auch kaum gelingen, als Einzelgänger sensibel und stabil zu bleiben. Er bedarf der Gruppe, die ihn stützt.

3. *Die plurale Kirche und mehrere Agenden*

Bohrens Konzept von der Gemeindekirche besticht durch seine Logik. Die Wirklichkeit der volkskirchlichen Gemeinden ist aber, wie wir gesehen haben, differenzierter. Hier ist kein Schönheitspreis für geschlossene Gemeindekonzeptionen zu gewinnen. Es muß vielmehr ein Gefüge konstruiert werden, das in einer einzigen Gemeinde Gemeindekirche, Kasualkirche und Gruppen engagierter Christen miteinander verbindet. Ein Harmoniemodell, mit einem Mittelpunkt, um den sich alles gruppiert, kann hier nur noch selten verwirklicht werden. Es wird oft mühsam genug sein, ein Gleichgewicht von unterschiedlichen konzeptionellen Schwerpunkten zu gewinnen. Ohne die inzwischen schon leidige Prioritätendiskussion wird es auch hier nicht gehen. Blickt man auf den Arbeitsaufwand des Pfarrers, so wird man allerdings an deutliche Streichungen im Kerngemeindebereich denken müssen. Es ist freilich eine Frage der Optik. Drei Pfarrer können in einer Parochie von 8.000 Gemeindegliedern sich der Gottesdienstgemeinde, der Kreise und einiger Aktivitäten um sie herum annehmen. Sie werden dann vermutlich zu dritt mit einer schichtspezifischen Gemeindekirche von etwa 500 Menschen arbeiten. Sie könnten aber auch davon ausgehen, daß in ihrem Gemeindebereich etwa 5.000 Menschen leben, die ein irgendwie geartetes Verhältnis zur Kirche haben, das sich bei akuten Anlässen, vor allem den Amtshandlungen, aktualisiert. Geht man von hier aus, werden vermutlich ganz andere Gewichte in der Gemeindearbeit verteilt.
Ein Anfang könnte sein, für die verschiedenen Bereiche verschiedene Agenden zu entwickeln. Es fällt hier auf, daß die vielen Kirchenmitglieder aus dem Bereich der Kasualkirche mit einer Agende konfrontiert werden, die den Normvorstellungen der Gemeindekirche entspricht. Der Verdacht, daß für diese Gemeindeglieder das Evangelium ermäßigt und einseitig auf gefährliche religiöse Bedürfnisse eingegangen wird, muß zurückgewiesen werden. Es

würde nicht darum gehen, Agenden zu entwickeln, in denen die Menschen bekommen, was sie wollen. Es könnte aber im Sinne Jesu sein, Agenden zu schaffen, die dort ansetzen, wo die Menschen leben, die nicht ausdrücken, was die Leute hören wollen, wohl aber, was sie verstehen können.
Wir werden im folgenden einen Entwurf vorstellen.

4. *Die Streckung der Kasualien*

Es ist verständlich, daß vielen Pfarrern und Mitarbeitern die punktuelle Begegnung mit anderen Gemeindegliedern bei den Kasualien Schwierigkeiten bereitet. Die Gründe dafür sind sicher sehr unterschiedlich. Der eine empfindet es als eine deutliche Störung seiner Vorstellung eines kontinuierlichen Gemeindeaufbaus, vielleicht auch als provozierend, daß die Schafe sich dem Hirten wieder entziehen. Andere empfinden es einfach als belastend, daß Menschen nach einer kurzen Begegnung wieder ins Anonyme verschwinden. Es ist ja ohnehin ein Zeichen vieler Gemeinden, daß die mittlere Generation so mobil ist, auch im Bereich der Gemeindekirche. Hier kann es geschehen, daß bewährte Mitarbeiter durch Wegzug oder berufliche Veränderung eine kontinuierliche Aufbauarbeit erschweren. Aber wie immer man auch unter dieser punktuellen Begegnung leiden mag, sie ist auch von der Sache selber her ein Problem. Das Ritual ist, darauf weist auch Spiegel hin (aaO., 231), expressiver Akt und Instrument der Lebenshilfe zugleich. Als Möglichkeit, der Stunde der Freude oder der Trauer Ausdruck zu verleihen, bleibt es ein punktuelles Geschehen. Die im Ritual aber gleichzeitig gegebene Lebenshilfe, Geborgenheit und Hilfe zur Deutung der Situation, bleibt unzureichend, wenn sie auf diesen Akt beschränkt wird. So verlangt diese Seite nach Streckung, nach einer Abfolge von expliziten Begegnungen und Handlungen. Bei der Konfirmation und dem vorausgehenden Unterricht tun wir das ja längst. Diesem Versuch stehen einige Schwierigkeiten entgegen. Es kann nicht unbegrenzt gestreckt werden. Es ist ja das Bedürfnis, aus der Situation heraus, das nach der Amtshandlung ruft. Solange das Bedürfnis anhält, solange hat der Versuch einer Streckung Aussicht auf Erfolg. Es ist von da aus klar, daß die Trauung nicht über die Vorbereitungszeit einerseits und den sich langsam einschleifenden Eheалltag andererseits gedehnt werden kann. Das gilt auch für die anderen Amtshandlungen. Hier liegt das berechtigte Interesse von Rudolf Bohren. Der deutliche Unterschied besteht nur darin, daß diese Streckung am Ort des Lebens selbst sich vollziehen muß und weniger am Ort der Institution Gemeindekirche. Die Tendenz, Kasualien in den Gemeindegottesdienst zu ziehen, ist nicht zu begrüßen. Viele Menschen der Kasualkirche haben Schwierigkeiten mit der Gemeindekirche. Nach dort ist die Überleitung, wie schon dargestellt wurde, fast immer gescheitert. Damit bekommen der Besuch, das Beratungsgespräch, inoffizielle Gruppierungen („Hauskreise"), Wochenendgemeinden usw. eine besondere Bedeutung. Eine gewisse Brückenfunktion können dabei Gruppen von engagierten Christen mit ihrem distanzierten Verhältnis nach beiden Seiten haben. Dazu wird man in manchen Fällen ein Familiengottesdienst-Team oder irgendeinen anderen Arbeitskreis zählen können. Sie können Integrationspunkte, Orte der Begegnung werden. Es wird nötig sein, Erfahrungen, die auf diesem Gebiet bereits vorliegen, zu sichten, auszuwerten und weiterzugeben. Dazu fehlt in dieser Studie der Raum. Soviel aber kann schon jetzt gesagt werden, daß eine Dehnung der Kasualie als wichtige Voraussetzung die ungeteilte Zuwendung zu den Menschen im Kasus hat. Menschen haben ein feines Gespür dafür, ob sie mit Vorbehalten behandelt oder ganz akzeptiert werden. Das gehört zum diakonischen und seelsorgerlichen Aspekt. Der Zeremonienmeister ist immerhin jemand, der nicht dilettantisch, sondern mit Herz und Verstand sich in die Situation begibt, eben ein Meister. In vielen Fällen wird das alles sein, was geschehen kann. Dafür sorgt mitunter schon die Tatsache, daß ein Großteil der Ehepaare, kaum verheiratet, den Gemeindebereich wieder verläßt. Ohne eine ganze Zuwendung zu ihnen bleiben alle Versuche, Kasualien zu strecken, oder später daran anzuknüpfen, zum Scheitern verurteilt. Das gilt auch für mögliche Krisenfälle, in denen Beratung notwendig wird. In der amerikanischen Seelsorge-Lehre wird darum oft genug erklärt, daß es zu diesem counseling nur kommt, wenn man alles Vorhergehende auch unter dem Gesichtspunkt des pre-counseling sieht. So muß der ganze Vorgang neu gesehen werden, vom ersten Telefongespräch über die Anmeldung im Pfarramt, dem Traugespräch bis hin zu abschließenden Kontakten. Es würde sich lohnen, von da aus einmal zu fragen, worin sich ein Pfarramt von anderen Ämtern unterscheidet.

VII. VERSUCHE MIT MEHREREN AGENDEN

Das folgende ist ein Versuch. Mehr nicht. Es wird versucht, der unterschiedlichen Ausgangssituation in einer Gemeinde Rechnung zu tragen. Die Bezeichnungen Gemeindekirche, Kasualkirche und engagierte Gruppen wollen dazu helfen. Mancher wird dem Versuch entgegenhalten, daß durch verschiedene Agenden in einer Gemeinde ein Klassensystem eintreten könnte. Die Gefahr dazu ist zweifelsohne gegeben. Aber wo gibt es keine Gefahren? Ähnliches hat man ja schon bei der ökumenischen Trauung gesagt. Auch hier hat der Gemeindealltag diese Befürchtungen zerstreut. Es wird auf die Sensibilität des Pfarrers oder Mitarbeiters ankommen, wo er Akzente setzt. Im Grunde wird hier das plurale Gottesdienst-Angebot fortgesetzt. Auch auf dem Gebiet der Trauung wird es das befürchtete Chaos nicht geben. Alle Versuche sind Variationen eines theologischen Grundschemas, das wir für nicht aufgebbar halten. Die Grundelemente Verkündigung, Bekenntnis, Segen und Fürbitte sind überall deutlich erkennbar.

1. *Trauung im Bereich der Kasualkirche*

A. Vorüberlegungen

(1) Der vorliegende Entwurf versucht, die Funktionen des Traurituals Integration, Artikulation und Stabilisierung ernst zu nehmen. Er möchte diakonisch und seelsorgerlich zugleich sein. Das kann er aber nur, wenn er die Grundsituation der Menschen ernst nimmt, diese vom Evangelium her deutet und auf Bedingungen verzichtet, die nicht erfüllbar sind.

(2) Die zu den theologischen Grundaussagen der kirchlichen Trauung gehörende Verkündigung wird bei diesem Versuch nicht als

ausgrenzbarer Ort verstanden. Verkündigung, oder besser seelsorgerliches Reden, soll die ganze Handlung insofern sein, als das Trauritual an wichtigen Punkten gedeutet wird. Damit wird die Ansprache aus ihrer Isolierung befreit und zugleich zum kommentierenden Reden. Diese Methode ist nicht neu. Etwa auf dem Gebiet des Familiengottesdienstes hat sie sich längst bewährt. Dadurch wird das Ritual aufgewertet und vor dem magisch-formelhaften Gebrauch bewahrt. Das Wort wiederum wird konkret. Es ist im Grunde genommen ein Versuch, das zu praktizieren, was mancher Pfarrer im Traugespräch tut, indem er kommentierend und interpretierend die Agende entlang geht.

(3) Der Entwurf möchte auch den Bezug der Trauung zu den Familien, aus denen das Brautpaar kommt, ernst nehmen. Hier ist sicher noch einige Phantasie zu investieren. Vor allem wäre es sinnvoll, lokale Traditionen danach zu befragen, ob sie nicht in dem agendarischen Ablauf einen Ort bekommen können.

(4) Diese Agende gebraucht in der liturgischen Anrede das Du. Das ist nicht programmatisch zu verstehen. Der anderen Möglichkeit steht nichts entgegen.

(5) Es ist damit zu rechnen, daß Ehepaare lange nach der standesamtlichen Eheschließung die kirchliche Trauung begehren. Dann kann die folgende Agende nicht mehr so den Charakter der Initiation behalten. Sie muß in diesem Fall stärker feststellend und bestätigend formuliert werden.

B. Der Entwurf

(1) Eröffnungsteil

Glocken
Orgel
Begrüßung am Eingang der Kirche

Ein gutes Wort als Willkommen für das Brautpaar, die Familien und Freunde und Bekannten. Ausdruck der Teilnahme und Mitfreude. In freier Form gegenseitige Vorstellung, soweit sie noch nicht geschehen ist.

Einzug zum Altar

Wo es noch üblich ist, hätte es durchaus einen Sinn, wenn Braut und Bräutigam getrennt gingen und erst am Altar sich träfen.

Eingangswort

Wir sind hier zusammengekommen, um vor Gott den Beginn der Ehe von N.N. und N.N. zu feiern.
Auch für euch, die Eltern, ist es ein wichtiger Tag.
Ihr gebt eure Kinder frei, damit sie eine neue Gemeinschaft bilden können.
Das entspricht Gottes Willen.
Wir hören, wie die Heilige Schrift diesen Willen in einer Gleichniserzählung zum Ausdruck bringt:
Und Gott, der Herr, sprach:
„Es ist nicht gut,
daß der Mensch allein ist,
eine Hilfe will ich ihm schaffen,
ihm gegenüber, ihm gleich."
So machte der Herr aus Erde
alles Getier des Feldes
und alle Vögel des Himmels
und brachte sie zu dem Menschen.
Und der Mensch gab ihnen allen einen Namen,
nur für ihn selbst war kein Helfer da,
niemand, der ihm entsprach.
Da breitet Gott, der Herr, einen tiefen Schlaf
über den Menschen. Der schlief ein,
und Gott nahm eine der Rippen
und verschloß die Stelle mit Fleisch.
Ein weibliches Wesen formte der Herr
aus der Rippe des Mannes und führte es ihm zu.
Da sprach der Mann:
„Das ist endlich
Bein von meinem Gebein,
Fleisch von meinem Leibe.
Sie gehört zu mir."
Darum wird ein Mann Vater und Mutter verlassen
und seiner Frau sich verbinden,
und sie werden ein Leib sein.

Liebe Eltern,
so gehen auch eure Kinder weg,
denn sie gehören zusammen.
Darum bitte ich euch:
Laßt sie mit guten Gedanken ziehen.
Begleitet sie im Gebet.
Helft ihnen, eine gute Ehe zu führen.

Lied

Etwa „Lobe den Herren“ (EKG 234, 1-3)
oder Orgelchoral.

(2) Die Handlung

Vorspruch

Vorschlag:
Liebes Brautpaar,
ihr werdet zusammen leben
und nicht ohne Liebe auskommen.
Wir sind darauf angewiesen,
einander zu vertrauen.
So suchen wir, was uns hilft:
Worte, die nicht täuschen,
Hoffnung, die nicht verblaßt,
Liebe, die glaubhaft ist.
Darum fragen wir nach Gott.
Er ist euer Schöpfer.
Er hat euch begleitet,
bis ihr euch gefunden habt.
Er fügt euch zusammen
und will euch davor bewahren,
daß ihr euch wieder verliert.
Er gibt euch seine Liebe,
von der es heißt:
Man kann sich auf jede Sprache verstehen – ohne Liebe bleibt es leeres Getön. Man kann die Verhältnisse durchschauen, kann die Folgen absehen, kann sehr fromm sein – ohne Liebe nützt das nichts. Man kann hergeben, was man hat, zuletzt sich selbst – ohne Liebe wird dadurch nichts besser.

Liebe ist ausdauernd und gütig, sie ist nicht eifersüchtig und macht nicht große Worte. Liebe stellt sich nicht schamlos zur Schau. Liebe will nicht auf ihre Kosten kommen, sie fragt nicht: Was hab' ich davon?
Liebe läßt sich nicht zu Zank verleiten, sie trägt nicht nach. Sie bedauert Unrecht und freut sich an Wahrheit.
Liebe kann ertragen; sie hat immer noch Vertrauen, hat immer noch Hoffnung, hat immer noch Geduld. Diese Liebe kennt kein Ende. Alle Weisheit kann am Ende sein, alles Schwärmen, alle Kunst. Diese Liebe kennt kein Ende.
Gott ist diese Liebe.

Gebet

Wir stehen vor diesem Gott.
Vor ihm, liebes Brautpaar,
sagt ihr zueinander Ja.
Darum beten wir:
Herr, unser Gott.
Du hast uns geschaffen.
Bis zu dieser Stunde hast du uns geführt.
Wir danken dir dafür.
Hilf uns nun, von ganzem Herzen Ja zu sprechen
und dabei zu bleiben.
Amen.

Traufrage

Liebes Brautpaar,
Gott will bei euch sein,
wenn ihr euch Liebe und Treue versprecht.
Darum frage ich dich, N.N.:
Willst du deine Frau N.N.
von ganzem Herzen lieben
und bei ihr bleiben
in guten und in bösen Tagen
bis der Tod euch trennt
so sprich: Ja, mit Gottes Hilfe.
Es folgt die gleiche Frage an die Frau.

Ringwechsel

Zum Zeichen dessen
was ihr euch gelobt habt,

nehmt und wechselt diese Ringe.
Ringwechsel.

Lied

Etwa „Jesu, geh voran“ (EKG 274, 1 + 4)
oder Orgelchoral

Der Trauspruch und Ansprache

Er wird eingeführt als Mitgift auf den Weg. Von ihm her wird auf die bisherige Handlung zurückgeblickt. Er bietet auch die Möglichkeit, hilfreich und kritisch begleitend auf die konkrete Situation einzugehen.
Er bereitet den Segen vor. Die Ansprache sollte kurz sein.

Segen

Nun gebt euch die Hand und kniet nieder.
Ich will euch den Segen Gottes zusprechen.
Gott will bei euch sein ...
(Wort, das an den Trauspruch anknüpft)
Es segne euch Gott der Vater
und der Sohn
und der Heilige Geist.
(Kreuzeszeichen)

Lied

Etwa „Nun danket alle Gott“ (EKG 228)
oder Orgelchoral

(3) Schlußteil

Vorspruch zum Gebet:

Gott hat uns gesagt,
daß niemand vergeblich bitten wird.
Darum beten wir für dieses Paar,
das einen gemeinsamen Weg beginnt.
Wir beten auch für uns,
die wir alle unterwegs sind.
Wir bitten,
daß sie und wir
das Ziel unseres Lebens erreichen.

Gebet

In diesem Gebet soll konkret die Situation des Paares, soweit es das Traugespräch ergeben hat, vorkommen.

Da es ein öffentliches Gebet ist, muß es auch in der angemessenen Weise zurückhaltend sein.

Vaterunser

Segen für alle

Auszug und Glückwünsche

Die Reihenfolge von Auszug und Glückwünschen ist sicher den örtlichen Gegebenheiten umkehrbar.

C. Bericht

Der vorausgehende Entwurf einer Trauagende ist am Schreibtisch entstanden. Dabei sind die Textlesung 1 Kor 13 sowie die ersten Zeilen des Vorspruches zur Trauhandlung dem Band „Gottesdienst menschlich"[5] entnommen. Durch Zufall ergab sich die Möglichkeit, es mit dem Entwurf auch einmal zu versuchen. Die Anfrage eines Paares ergab sich durch die Vakanz einer unmittelbar benachbarten Pfarrstelle. Das Brautpaar, beide Sportlehrer, hatte nur ein loses Verhältnis zur Kirche, war zugleich aber religiösen Fragen aufgeschlossen. Das Vorgespräch ergab, daß die kirchliche Trauung nie in Frage stand. Sie gehörte dazu, nicht nur weil beide Familien es ebenso selbstverständlich erwarteten. Ein in mancher Hinsicht klassisches Beispiel für das, was wir unter „Kasualkirche" bezeichnet haben. Das Gespräch ergab ferner, daß beide nur sehr vage Vorstellungen von einer Trauung hatten. Hier ergab sich die Möglichkeit, mit ihnen zusammen über die wichtigen Elemente zu sprechen. Die Frage, ob man es versuchen sollte, den Ablauf umzugestalten, vor allem die Eltern miteinzubeziehen, traf auf spontane Zustimmung.

Wie fühlte sich nun der Pfarrer bei diesem Versuch? Mit einer gewissen Überraschung nahm er zur Kenntnis, wie wichtig für ihn die Reihenfolge Eltern – Brautpaar – alle wurde. Dadurch stimmte für ihn die emotionale Seite des Gottesdienstes. Er konnte sich zuerst intensiv mit den Eltern beschäftigen, dann sich direkt dem Paar und schließlich allen wieder zuwenden. Früher hatte er bei Trauungen immer wieder die unklare Situation empfunden, wer denn nun gerade im Augenblick anzureden sei. Positiv empfand

5 F.K. Barth/G. Greve/P. Horst, Gottesdienst menschlich, Wuppertal 1973

er auch den neuen Ort der Ansprache. Er konnte beginnen: Nun habt ihr zueinander Ja gesagt und ihr sollt nun den Segen empfangen. Was ist nun dieser Segen? Pfarrer und Brautpaar hatten sich im Vorgespräch auf den Konfirmationsspruch der Braut als Trauwort geeinigt. „Er hat seinen Engeln befohlen über dir, daß sie dich begleiten auf allen deinen Wegen“ (Ps. 91,11). Dieses Wort war in besonderer Weise geeignet, über den Segen zu sprechen. Man konnte anknüpfen an das vorausgegangene „In wieviel Not hat nicht der gnädige Gott über dir Flügel gebreitet?“. Dazu kam der Predigteinfall, dem Engel eine konkrete geschichtliche Gestalt zu geben: Man sagt ja manchmal zu seinem Ehepartner: Du bist mein Engel. Gott segnet mich durch meinen Partner. Und meine Aufgabe ist es, dessen Engel zu sein. (Engel kann man lieben, Drachen nicht, obgleich auch diese Schätze hüten.) Deutlich wurde auch, daß die Ansprache an der neuen Stelle wirklich kurz sein muß, weil sie sonst die ganze Trauhandlung zerreißt. Aber wenn man nicht den Ehrgeiz hat, in der Ansprache alles nachzuholen, was das Brautpaar an christlicher Lehre in den letzten Jahrzehnten hätte lernen müssen, ist das eher eine angenehme Pflicht.

Ähnliches ist von den Liedern zu berichten. Sie haben nun einen Ort, an dem sie nicht nur musikalische Umrahmung sind, sondern den Beteiligten die Möglichkeit bieten, sich zum Stand des Geschehens zu äußern.

Wichtig war für den Pfarrer den Eindruck, während der ganzen Trauhandlung nicht jemand zu sein, der mit Autorität wichtige Dinge über Gott und die Ehe vermitteln muß. Das ganze Geschehen, soweit es agendarisch festgelegt ist, hat den Charakter des Zuspruches und der Zuwendung zu den Menschen. Die konkrete Feinabstimmung konnte in der Ansprache geschehen. Indem sie auf das Paar einging und persönliche Worte fand, bleib das ganze Geschehen davor bewahrt, zur billigen Gnade zu werden.

Die Reaktion der Teilnehmer unmittelbar im Anschluß an die Trauung und bei einem späteren Zusammensein zeigte, daß vor allem die direkt Beteiligten der ganzen Handlung von Anfang an gefolgt sind. Es war offenbar gelungen, ihnen das Gesamtritual für ihre persönliche Situation transparent zu machen. Gerade von den Eltern wurde der Eingangsteil dankbar begrüßt. Für sie war es überraschend, daß bei dieser Trauung sie direkt und dies mit Namen angesprochen wurden. Es war auffällig, wie das Gespräch sich nicht nur auf die Kurzansprache, sondern auch auf den Gesamtablauf bezog. Als ein Teilnehmer in einem kleineren Gesprächskreis die antiquierte Sprache der Lieder kritisierte, wurde ihm entgegnet, daß manche Liederstrophe durch ihre Zuordnung zu einer bestimmten Stelle der Trauung neu verstanden und trotz ihrer Sprachgestalt emotional mitvollzogen werden konnte.

2. *Trauung innerhalb einer Gruppe engagierter Christen*

A. Vorüberlegungen

(1) Wer ist gemeint? Manche Pfarrer machen die Erfahrung, daß Dienstgruppen oder Teams einen Prozeß des Mündigwerdens durchmachen. Dadurch entsteht nicht selten ein distanziertes Verhältnis zu den bestehenden Ordnungen und Vorstellungen der verfaßten Kirche. Sehr oft wird der Wunsch laut, auch Amtshandlungen mitzugestalten. Nichts Schöneres könnte ein Pfarrer erleben. Es entwickelt sich hier eine Gestalt christlicher Gemeinde, die weniger pfarrerzentriert und stärker bruderschaftlich orientiert ist. Viele dieser Gruppen, zu denen auch manche informelle Gruppierungen aus ehemaligen Gliedern der Jungen Gemeinde gehören, suchen eine neue Spiritualität. Es geht ihnen um eine Frömmigkeit, die alltägliches Leben mit dem Evangelium verbindet. Hier dürfen Fest und Gottesdienst, die Freude am Herrn und ganz weltliche Freude, Agape und Eros nicht auseinanderfallen. Von da aus ergibt es sich fast von selbst, daß ein ganzes Traufest gestaltet werden muß. Die Trauhandlung ist damit eingebettet in gemeinsames Feiern und Zusammensein. Ein Problem sind möglicherweise die Familien und Angehörigen des Brautpaares. Denn im Grunde konkurrieren diese ja mit einer neuen, viel stärkeren Bezugsgruppe, dem Team oder dem Kreis der Gleichgesinnten. Meist ist es allerdings so, daß die Ablösung von den Eltern, vor allem in städtischen Verhältnissen, recht weit fortgeschritten ist. Das führt oft dazu, daß die Angehörigen zahlenmäßig zurücktreten und auch leicht in das Fest einzubeziehen sind.

(2) Das vorliegende Fest enthält Momente, die die „Streckung" der Kasualie anschaulich machen können. Gerade die Gruppenbildung, die verschiedenen kommunikativen Elemente zeigen das an. So ist der Schritt zur Tauffeier nicht weit.[6] Vor allem ist denkbar, daß die Gruppe, die zusammen mit dem Pfarrer die Trauung ausrichten wird, an verschiedenen Tagen vorher und nachher intensive Gespräche führt. Es wird dabei nicht ausbleiben, daß die Grundfragen einer Ehe in unserer Zeit gestellt werden. Es ist sogar vorstellbar, daß sich daraus einfache Formen eines Partnerschaftstrainings ergeben. Die instrumentale Funktion des Rituals, die begleitende Lebenshilfe, wäre auf diese Weise viel besser zu erfahren.

(3) Es wäre denkbar, daß das ganze Traufest im Hause stattfindet. Wir müssen ja lernen, auch in unseren Häusern religiöse Formen des Zusammenseins zu finden. Wenn hier dem Wechsel zwischen Haus und Kirche der Vorzug gegeben wird, dann hat dies zwei Gründe. Solange es irgend möglich ist, sollten Elemente der sichtbaren Einheit einer Gemeinde festgehalten werden. Insofern hat der Weg in die Kirche an dieser Stelle auch symbolische Bedeutung. Andererseits geht es bei der kirchlichen Trauung um die Spannung von Leben und Glauben. Dafür haben sich in der Christenheit Symbole ausgebildet. Eines von ihnen ist die Kirche, der kirchliche Raum. Aber es geht nicht um eine Trennung von Profanität und Kult. Der Entwurf wird zeigen, daß gerade im Bereich eines kultischen Rituals öffnende, stark weltliche Akzente gesetzt sind. Gerade auf dieses Spannungsverhältnis von liturgischer Tradition, wozu auch die Kirche als Raum gehört, und unserem modernen Lebensstil kommt es bei diesem Versuch an.

(4) Auch bei diesem agendarischen Entwurf sind die vier theologischen Elemente, Verkündigung, Bekenntnis, Segen und Fürbitte enthalten. Und auch hier ergeben sie nicht ein methodisches Nacheinander. Die Grundstruktur des Ganzen folgt eher den Phasen eines Festes: Eröffnung und Motivation, Phase starker Expression, Deutung, Schlußphase, in der die Kommunikation weitergeführt wird.[7]

---

6 Ein ähnlich gestaltetes Tauffest wird geschildert in: G. Kugler/H. Lindner, Neue Familiengottesdienste 2, Gütersloh 1976.
7 Vgl. G. Kugler/H. Lindner, Neue Familiengottesdienste, Gütersloh 1974, S. 30ff.

(5) Wer ist Hausherr? Es ist ein Wechsel zu beobachten. In einzelnen Phasen gilt das vom Brautpaar oder anderen Personen, in der Kirche stärker vom Pfarrer, obgleich er auch hier nur ein Glied der handelnden Gruppe ist. Dieser Rollenwechsel ist wichtig, weil er der Situationsbezogenheit der Amtshandlung und dem Charakter der Gruppe entspricht.

B. Entwurf

Haus – Gemeindehaus

Begrüßung
  Das Brautpaar begrüßt seine Gäste.
Kommunikation
  Es ist eine Art Aperitif-Phase, die dem Kennenlernen dient, dort wo es nötig ist. Einzelideen:
  Gästebuch (Wandzeiting usw.)
  Getränke
  Musizieren
  Lieder einüben
  Aufgaben und Rollen verteilen
Meditation
  Musik
  Bibelwort (späterer Text)
  Stille
  Gebet
Prozession zur Kirche
  Mitnehmen all der vorbereiteten Dinge (Blumen usw.).

Kirche

(1) Weiterführung der Eröffnungsphase

Begrüßung
  Motivation des Hausherrn: Es ist unsere Kirche, es ist unser Gottesdienst. Wir bereiten uns vor.
Vorbereitung
  Altar schmücken, Kerzen anzünden, Ringe bringen, Instrumente bereitstellen usw.
Kollektengebet

Es faßt die Gabenbereitung zusammen und eröffnet die Phase des Dankens und Sichfreuens vor Gott.

(2) Verstärkungsphase

Präfation 1

Musizieren, Singen, Rezitieren (Freude an der Schöpfung, Freude an der Liebe – Psalmen, Lyrik, Hohes Lied usw.). Denkbar: Polonaise (Singen und Tanzen vor dem Herrn), starke Expression. Orgel.

(3) Deutungsphase

Deuteworte

Biblischer Text, etwa: Gen 2, Joh 13, 1 Kor 13 usw.
Einführende Worte des Pfarrers.
Betrachtendes Gespräch der Gruppe. Jeder beteiligt sich da, wo er etwas einbringen kann.

Lied

(4) Handlungsphase

Bekenntnis

Der Pfarrer fragt das Paar.
Das Paar antwortet mit persönlichen Worten.
Der Pfarrer fragt alle nach den Erfahrungen im Glauben.
Segens-Zeugnisse von Ehepaaren, evtl. auch Eltern. Ein Versuch auszudrücken, wie der Glaube und das Leben in der Ehe zusammenklingen.

Segen

Der Pfarrer segnet das Paar.

Gebet und Fürbitte

Moderne Formen des diakonischen Gebetes, der Ektenie oder der Gebetsgemeinschaft

Glückwunsch

Freie Kommunikationsphase, in der spontanes Handeln und Reden möglich ist. Phase der Entspannung und Erholung. Kann mit meditativer Musik abklingen

(5) Eucharistie

Zurüstung

Das Brautpaar bringt Brot und Wein zum Altar. Beide sprechen Dankgebete für Brot und Wein (etwa: aus der Passah-Liturgie, siehe Anhang)

Präfation 2 und Abendmahlsworte

Ein gutes Beispiel, das auch evangelischen Verhältnissen gerecht wird (siehe Anhang)

Kommunion

Es muß so viel Brot und Wein vorhanden sein, daß es für die nachfolgende Feier im Hause reicht.

(6) Überleitung zum Haus – Gemeindehaus

Friedenswunsch

Mit Lied aus der Kirche ziehen

Gaben mitnehmen

Blumen, Instrumente und andere mitgebrachten Gegenstände werden zum Auszug mitgenommen. Vor allem aber gehören Brot und Wein dazu.

Haus – Gemeindehaus

Dem Trauritual schließt sich das Fest an. Brot und Wein wurden von der Kirche mitgebracht. Erfahrungen zeigen, daß das Gemeinschaftserlebnis eines Mahles nicht von den dabei gebotenen Delikatessen abhängt. Im Gegenteil, gerade die Zurückführung auf elementare Lebensmittel übten eine starke Wirkung aus. Es gibt Beispiele, wo Brot und Wein, ergänzt vielleicht durch Käse und Weintrauben genügten. Denkt man an das Passah-Mahl, so könnten Brot und Wein einen einfachen Braten mit einigen Beilagen umrahmen.

Man wird davon ausgehen können, daß in einer solchen Gruppe auch Kinder sind. Das bringt für manches Vorhaben, vor allem im Gottesdienst, gewisse Schwierigkeiten. Man könnte Kinder einen Teil der Trauung miterleben lassen, dann aber in das Haus zurückbringen. Das wird nur möglich sein, wenn jetzt im Hause die Kinder eine Zeitlang im Mittelpunkt stehen. Sie könnten dem Brautpaar „huldigen", Geschenke überreichen, inzwischen eingeübte Spiele vorführen, was dann die Erwachsenen provozieren sollte, ihrerseits für die Kinder und mit ihnen zu spielen, etwas

aufzuführen, zu singen usw.
Um die Gemeinschaft nicht zu zersprengen, müßten die Kinder zu vorgerückter Zeit am Ort des Feierns zur Ruhe gelegt werden. Das ist für sie sicher angenehmer als für die Eltern. Aber immerhin kann die Gruppe dann zusammenbleiben und weiterfeiern.

C. Anhang

(1) Aus der Passah-Liturgie[8]
„Gepriesen bist du, Herr, unser Gott, König des Himmels und der Erde, der du die Erde das Brot hervorbringen läßt."
„Gepriesen bist du, Herr, unser Gott, König des Weltalls, denn du hast die Frucht des Weinstocks geschaffen."

(2) Kanongebet[9]
Friede mit dir, Matthilde, und Friede mit dir, Wilbert,
alles, was gut ist und glücklich macht,
es komme über euch beide;
Friede sei mit euch allen
und in der ganzen Welt.
Wenn du, dort in deinem unzugänglichen Licht,
der du Gott bist, wenn du uns hier hörst und siehst,
wenn wir für dich da sind,
nimm dann unsere Dankesworte an,
dieses Lied der Bewunderung, an diesem Tag,
den du gemacht hast.
Wir, die wir dich nie gesehen haben,
nichts als Menschen, kurzlebig,
wir wagen und singen deinen Namen,
und in menschlichen Worten
nennen wir dich, mit Namen aus Jahrhunderten,
suchen wir dich,
o ewiger lebendiger Gott.
Der du gerufen hast „Licht",
und das Licht war geboren;

---

8 in: K. Rommel/M. Schmeißer (Hg.), Kinder- und Familiengottesdienst, Passion / Ostern / Pfingsten, Freiburg/Lahr 1974, 42.
9 in: U. Seidel/D. Zils (Hg.), Aktion Gottesdienst 2, Jugenddienst Verlag, Wuppertal/ Patmos Verlag, Düsseldorf, 1970, 203f.

der du sahst, daß es gut war,
das Land des Morgens, Erde und Himmel,
und alle Gewölbe von Wasser und Feuer;
der du sahst, daß alle Bäume gut waren,
und alle Tiere sehr gut,
und die Vögel vollkommen;
der du gerufen hast „o Mensch“,
und der Mensch war geboren;
der du den Menschen gesehen hast,
untröstlich und einsam;
der du ihn dann als Mann und Frau geschaffen hast,
der du alle Wege umgebogen hast,
damit diese beiden einander fänden:
wir danken dir, daß du es so
und nicht anders gemacht hast.
Wir bitten dich, Gott, vollende und segne sie,
laß sie Menschen werden, mehr und mehr,
laß sie am eigenen Leibe erfahren,
daß sie berufen sind, um füreinander
so gut wie Gott zu sein;
daß sie ähnlich werden, mehr und mehr,
dem, der dein Bild ist, dein Sohn,
Jesus von Nazareth, der neue Mensch,
der uns vorgelebt hat,
was Leben ist, was Liebe tut;
der ein Mensch für andere geworden ist
und sich mit Leib und Seele
an diese Welt verschenkt hat.
Wir sind hier an diesem Tisch zusammengekommen,
um dieses Menschen zu gedenken,
der mit seinen Freunden im Obergemach war und wußte,
wie Johannes es sagt, daß sein Ende bevorstand.
Es würde das letzte Mal sein, daß er
das Brot nahm und brach
und es austeilte
und sagte:
„Eßt alle davon, das ist mein Leib,
ich gebe ihn für euch.“

Es sollte auch das letzte Mal sein, daß er
den Becher nahm
und ihn weiterreichte
und sagte:
„Trinkt alle daraus, das ist mein Blut,
das ich vergießen will,
um den neuen Bund zu vollenden.
Wenn ihr diese Zeichen setzt,
denkt dann an mich."
O Gott, du bist größer
als alle Sünde, aller Tod,
der du den Menschen hast auferstehen lassen,
du läßt auch diese zwei niemals verlorengehn.
Laß nichts in ihnen verlorengehen
um des heutigen Tages willen.
Bewahre ihr Leben, laß den Tod,
der alles trennt,
nicht über sie kommen.
Bewahre sie gegen die Abnutzungserscheinungen,
die sich nach langem Alltagsleben einstellen wollen;
laß sie nicht wanken, wenn diese Welt geht vorbei,
doch nicht die Liebe, sie ist wie das Meer,
sprühend wie Feuer und stärker als der Tod.
Bewahre sie in der Liebe, schreib ihre Namen
in die Fläche deiner Hand,
schreib sie in deine Hand,
um ihrer Freunde willen, die wir sind,
um deines Sohnes willen, der der Sohn der Menschen ist,
der bei dir lebt, jetzt und in Ewigkeit.
So bitten wir dich, Gott, und mit den Worten,
die Jesus uns gegeben hat,
gehen wir zu dir und singen „Vater unser".

3. *Trauung im Bereich der Gemeindekirche*

Gedanken zur gegenwärtigen Trauagende

(1) Unsere Agende III bildet weiter die Basis für Amtshandlungen, vor allem im Bereich der Gemeindekirche. Auch sie wird man ändern müssen. Ohne auf Einzelheiten eingehen zu können, seien hier einige kritische Anmerkungen und Anregungen gebracht: Zunächst fällt ein hochstilisierter Text auf, der – mehr als es ein Ritual soll – distanzierend wirkt. Es beginnt mit dem auf viele peinlich wirkenden Eingangsgruß und endet bei Gebetsformulierungen (Allmächtiger Gott, der du ...). Hier muß sprachlich eindeutig verbessert werden.

(2) Es ist die Sprache eines Rechts- und Hoheitsaktes. Das kann nicht im Sinne Jesu sein, und entspricht nicht der Gemeinde von Brüdern. Darum müssen alle Textpassagen bereinigt werden, in denen Ordnung demonstriert wird, eindeutige Verheißungen in Bedingungen eingerahmt werden, und der Eindruck entstehen kann, daß ein kirchliches Interesse vor dem der Menschen steht. Auch im Bereich der Gemeindekirche empfinden Menschen, daß es jetzt ihr Kasus ist, um den es geht. Davon aber ist in der Agende fast nichts zu spüren. Hier wird in einem feierlichen Akt eher zum Thema Ehe und göttliche Ordnung im allgemeinen gesprochen. Erfahrungsgemäß weicht der Pfarrer auf die Ansprache aus, um einen menschlichen Akzent zu setzen, wodurch der quasi-rechtliche Charakter der Agende erst recht hervorgehoben wird.

(3) Die Bibeltexte unterstreichen den eben geschilderten Eindruck. Besonders die Übernahme der biblischen Haustafeln hebt den Rechtscharakter des Rituals hervor. Es ist außerdem fraglich, ob sie heute noch ohne Interpretation verwendet werden können. Hier ist ja das Evangelium in eine konkrete Situation gesprochen, die längst nicht mehr die unsere ist. Es wäre sinnvoller, Texte zu wählen, die Grundbeziehungen zwischen Menschen und zu Gott aufzeigen (Beispiel 1 Kor 13). Diese nur scheinbar allgemeineren Texte beginnen im Rahmen des Traurituals ganz konkret zu werden.

(4) Im Bereich der Gemeindekirche sollte es möglich sein, die

Trauhandlung nicht nur auf den Pfarrer zu konzentrieren. Eltern, Familienangehörige, Freunde oder Gemeindeglieder könnten Teile der Liturgie übernehmen. Dadurch würde der Charakter eines Gemeindegottesdienstes stärker hervortreten.

(5) Warum nicht häufiger das Abendmahl in Verbindung mit einer Trauung gefeiert wird, ist nicht einzusehen. Es kann noch einmal mehr, als es Worte vermögen, deutlich machen, wovon wir Menschen leben. In diesem Zusammenhang kann die Integration, also das neue Miteinander des Paares, der beiden Familien und der Gemeinde, gefeiert werden. Es wäre dann sinnvoll, neben einer ganz kurzen Ansprache zu Beginn der Trauung noch einmal zwischen Trauhandlung und Abendmahl ein Wort zu sagen. Das muß nicht den Charakter der Beichtansprache haben, kann aber auf die bisherigen und zukünftigen Beziehungen der einzelnen und der Familien eingehen. Es ist deutlich, daß hier ein gutes Traugespräch und möglicherweise Besuche bei den beiden Familien, eine wichtige Rolle erhalten.

I. WARUM LASSEN SIE TAUFEN?

1. *Wohin gehört die Taufe?*

Noch immer bringen die meisten Eltern ihre Kinder zur Taufe. Sie empfinden kaum ein Problem dabei. Erstaunt entdecken manche von ihnen im Gespräch mit dem Pfarrer, daß da irgend etwas sein muß, was ihn umtreibt. Weil für sie die Antwort bereits vorgegeben ist, verstehen sie seine Frage kaum: Wohin gehört die Taufe? Familie oder Gemeinde, das ist – scharf formuliert – die Alternative, die zur Diskussion steht. Daran ändern auch die Hinweise nichts, daß man eben als Familie *in* der Gemeinde lebt und darum auch *mit* ihr leben sollte.
Es ist nicht unwichtig, sich diese Frage zu stellen. Eine klarere Antwort darauf könnte verhindern, daß sich so manches Taufgespräch und mancher Taufgottesdienst als ein einziges Mißverständnis entpuppt, weil man aneinander vorbeiredet und dabei völlig verschiedene Empfindungen hat.
Wohin gehört also die Taufe?

a) Der Initiationsritus der Familie

Folgt man den Interessenfeldern (vgl. II), die sich bei der Taufe als Amtshandlung überschneiden, dann ist das starke Bedürfnis der Familie nicht zu übersehen. Die Taufe wird als Familienangelegenheit empfunden. Es scheint, als ob dies sogar für die dichten Beziehungsverhältnisse in ländlichen Gebieten gilt. Während dort etwa die Trauung oder die Beerdigung das gesamte Dorf erreicht und in Bewegung bringt, bleibt die Taufe eine familiäre Angelegenheit am Rande. Taufen feiert man allenfalls im Bereich der Großfamilie. Hier wird die Trauung in ihrer Bedeutung als Basis-Kasualhandlung noch einmal sichtbar. Die Taufe erscheint eher als Nachtrag zu ihr. Sie gehört zur Familie.

b) Der Initiationsritus der Gemeinde

In der Gemeinde gilt, daß die Taufe in den Leib Christi inkorporiert. Sie ist das Eingangssakrament der Gemeinde. Deswegen fällt diese Kasualhandlung in ihrer Bedeutsamkeit für die Kirche aus dem Rahmen aller anderen Handlungen, die an Lebenssituationen orientiert sind. Das verschärft den ohnehin deutlichen Konflikt zwischen den Interessen und Bedürfnissen der Menschen und dem Willen der Kirche zu taufen, der sich hier speziell auf den Befehl des Herrn der Kirche beruft. Die Neigung, aus der Taufe eine familienbezogene Segenshandlung auf dem Hintergrund einer speziellen Lebenssituation zu machen, trifft auf deutliche theologische Widerstände. Die Taufe, so heißt es, gehört in die Gemeinde.

c) Lösungsversuche des Konfliktes

Solange bis weit ins 19. Jahrhundert hinein Christen- und Bürgergemeinde sich deckten, gab es diesen Konflikt nicht. Er wird ja in ländlichen Gebieten von beiden Seiten auch heute noch nicht so scharf empfunden. Erst jetzt, wo sich diese einstmals innigen Beziehungen aufgelöst haben, zeigt es sich, daß es dieses Problem vermutlich schon immer gab, nur eben verschleiert. Bei der heute deutlich feststellbaren Trennung von Gemeinde und Familie zeigt es sich, daß die Taufe im Bewußtsein der Menschen als Familienveranstaltung aufgefaßt wird. Kein Wunder, daß die letzten Jahrzehnte davon bestimmt waren, die Taufe für die Gemeinde zu retten. Die Versuche, die Kliniktaufe abzuschaffen und die Handlung in den Gemeindegottesdienst zu ziehen, machen das deutlich. Und so wird verständlich, daß Günter Dehn die Haustaufe als „Brutstätte der Umwandlung der Taufe in ein Fest der Lebensweihe und des persönlichen Familienglücks“ bezeichnen kann (vgl. S. 28).
Die Entscheidung ist noch nicht gefallen. Das Tauziehen findet noch statt. In der Gemeindepraxis sieht das so aus:
– Die Verrechtlichung der Kasualien führt dazu, daß der Pfarrer einen Rechtsanspruch mit der Taufe verbindet. Bei Mischehen führte das noch vor einigen Jahren zur Verpflichtung per Unterschrift der Eltern auf Taufe und Erziehung in der evangelischen

Kirche. Eine Verpflichtung zur kirchlichen Erziehung wird auch heute noch in Taufgesprächen vertreten und zeigt sich deutlich im Rechtscharakter der Frage an Eltern und Paten während der Taufe. Es ist sichtbar, wie dieser Rechtsanspruch immer weniger einklagbar wird, weil er an innerer Autorität verliert. Er ist zudem unevangelisch und theologisch nicht zu verantworten.

– Auch in Verbindung mit der Taufe, oder gerade hier, wird die Amtshandlung als missionarische Gelegenheit gesehen. Weil nach evangelischer Sicht Sakrament und Glaube zusammengehören, bekommt das ganze Geschehen vom Taufgespräch bis zur -handlung einen missionarischen Zug. Auch hier zeigen Analysen von Kasualpredigten den Versuch, in einigen Minuten nachzuholen, was aus der Sicht des Pfarrers offenbar in Jahren versäumt wurde. Das Tauziehen findet während der Handlung statt, nur daß die eine Seite passiv bleiben muß.

– Ein Taufverständnis, das dem römisch-katholischen sakramentalen Denken verwandt ist, kann sich mit dem bloßen Vollzug der Taufe und der Unveränderbarkeit der Verhältnisse zufrieden geben. Das Tauziehen findet gar nicht erst statt. Die Interessen der Familie werden nicht negiert, der kirchliche Partner bleibt ebenfalls im Recht, indem er sich an eine sakramentale Wirkung der Taufe klammert. Wichtig ist, *daß* getauft wird.

d) Auf der Suche nach einem Ansatz für die Lösung des Konfliktes

Das Problem liegt auf dem Tisch. Man weiß auch, daß es nicht so einfach zu lösen ist. Es ist kein Zufall, daß etwa die Generalsynode der VELKD 1975 sich nicht entschließen konnte, Neufassungen des Abschnittes „Taufe" in der kirchlichen Lebensordnung zu verabschieden. Ein Ausschuß, der noch einmal darüber arbeiten sollte, lehnte eine Weiterarbeit an der Ordnung ab und wurde aufgelöst. Das ist symptomatisch. Es zeigt, daß der deduktive Weg nicht mehr gangbar ist. Man kann nicht mehr bei einem abstrakten „Wesen der Taufe" ansetzen und dann daraus Handlungsanweisungen für die Christen ableiten. Man übersieht dabei, daß in diesem „Wesen" indirekt eine Fülle von konkreten Vorstellungen über die Gemeinde stecken. Unbesehen werden so neutestamentliche Aussagen mit der Brille unserer konkreten Erfahrungen und Vorstellungen von Kirche und Gemeinde gelesen. Und ebenso

konsequent landet man dabei wieder beim Eingangssakrament für eine Ekklesia vorgestellt als Parochie. Ebenso schnell zeigt sich dann, daß die daraus geschlossenen Handlungsanweisungen mit der Wirklichkeit wenig zu tun haben. So legt sich der Schluß nahe, daß eigentlich nicht die Taufe, sondern die Kirche zur Diskussion steht. Erst wenn hier theologische Aussage und konkrete, erfahrbare Wirklichkeit vermittelt sind, kann die Frage nach der Taufe und nach deren „Sitz im Leben" noch einmal gestellt werden.
Das folgende ist ein Versuch, zuerst nach der verantwortbaren Gestalt der Kirche zu fragen, in der die Menschen, die getauft werden, einen Platz haben.

2. *Welche Kirche wollen wir?*

Die letzten Jahre haben viele Reformversuche gebracht. Sie haben versucht, bestehende Mißstände zu beseitigen, positive Ansätze zu entwickeln und einige Modelle zu schaffen. Dahinter steckten zwar in den meisten Fällen theologische Impulse, ein theologisches Gesamtkonzept blieb jedoch aus. Dies beginnt sich in allerletzter Zeit zu ändern. Immer deutlicher schieben sich in der Diskussion der beiden Großkirchen im deutschsprachigen Raum zwei gegensätzliche Zielvorstellungen in den Vordergrund. Es kann hier nicht die Aufgabe sein, sie ausführlich darzustellen und zu diskutieren. Eine kurze Skizze beabsichtigt, die Frage klarer zu stellen: Welchen theologischen Stellenwert hat in diesem Konzept die Taufe und wie geht man mit dem familiären Interessenfeld, das sich daran hängt, um?

a) Die funktionale Theorie

Vertreter dieser Theorie (Karl-Wilhelm Dahm, Trutz Rendtorff u.a.) gehen von der Frage aus: Welche Aufgaben erfüllt die Religion (!) im gesamtgesellschaftlichen Prozeß und im Leben des einzelnen? Welche Aufgaben werden ihr zugewiesen, welche bestritten? Und in welchem Verhältnis stehen diese Aufgaben zu denen anderer gesellschaftlicher Kräfte? Inwiefern beeinflussen etwa diese gesellschaftlichen Kräfte die Religion und die Erfül-

lung ihrer Aufgaben?[10] Die wichtigsten Antworten lauten:
– Die Religion repräsentiert und vermittelt innerhalb der Gesellschaft grundlegende Deutungs- und Wertsysteme. Sie gewährleistet Orientierung und Sinn.
– Religion hilft in Krisensituationen und an Knotenpunkten des Lebens. „Hier geht es einerseits um die Bewältigung von akuten Krisen (Trauer, Krankheit, Familienkonflikt, schuldhaftes Versagen) und eingeschränkten Lebensmöglichkeiten (Einsamkeit, Alter, Gebrechlichkeit) durch persönliche emotionale Zuwendung. Andererseits geht es um überindividuelle und weltweite Hilfe in Notsituationen. Darüber hinaus geht es um eine öffentlich-soziale Sanktionierung und Interpretation der Wendestationen im Lebenslauf (Pubertät, Eheschließung, Elternschaft, Trauer usw.).[11]

Das Festhalten an einem volkskirchlichen System und dessen Ausbau sind die Konsequenz aus dieser funktionalen Theorie. Das ist nur möglich auf dem Hintergrund eines neuen Versuches, dem Phänomen Religion und seinen verschiedenen Ausprägungen im Gesamten wie auch in den verschiedenen Lebenssituationen positiv gerecht zu werden. Dafür bietet sich im wesentlichen die theologische Denkkategorie der Korrelation (Tillich) an.
Der Stellenwert der Taufe ist hier klar. Für die Gesellschaft, im wesentlichen für die Familie und den Einzelnen, hat sie eine wichtige Funktion. Sie ist das Ritual, das helfende Begleitung und grundlegende Werte vermittelt. Für die Kirche, als dem organisatorischen Ausdruck von Religion (Religion braucht Strukturen, um ihre Funktionen zu erfüllen) ist es das Basis-Ritual, das die ganze Breite des volkskirchlichen Systems trägt. Ohne Kindertaufe keine Volkskirche.

b) Die Gemeindekirche

Während die Vertreter auf evangelischer Seite (zB. Karl Barth, Rudolf Bohren u.a.) in der letzten Zeit wenig Resonanz fanden, kommt im katholischen Bereich die Diskussion darüber immer stärker in Gang (Norbert Greinacher, Karl Rahner u.a.). Neuerdings hat Jürgen Moltmann dieses Konzept wieder aufgegrif-

10 Vgl. K.-W. Dahm, Beruf Pfarrer, München 1971, 293.
11 ebd., 305 ff.

fen.[12] In heftiger Kritik an der sogenannten Betreuungskirche und im Hinblick auf die Entwicklung sogenannter Basisgemeinden im ökumenischen Bereich wird erklärt: „Der Sachverhalt ist einfach genug: Ohne Versammlung keine Gemeinschaft, ohne Gemeinschaft keine Freiheit, ohne Freiheit keine Handlungsfähigkeit ...“[13] Durch Evangelisation und (politische) Aktionen der Befreiung wird diese versammelte Gemeinde immer wieder zu einer offenen Kirche.

Für Moltmann sind, wie für seine theologischen Lehrer und Kollegen (gerade etwa Bohren) Taufe, Katechumenat und christliches Leben kennzeichnend für die Zugehörigkeit der Gemeinde. Im Gefolge Barths tut Moltmann zusätzlich den Schritt zur Erwachsenentaufe, räumt aber die Möglichkeit einer Kindersegnung in einem allerdings eindeutigen gemeindlichen Rahmen ein.

Ausgesprochen lutherische Varianten dieser Gemeindekirche sind im Augenblick nicht deutlich formuliert. Sie wären aber unschwer zu zeichnen. Auch durch das Festhalten an der Kindertaufe würde hier eine klare Linie sichtbar, wenn sie zum Sakrament für Eltern würde, die sich bewußt an das Evangelium und zur Kirche halten. Hier könnte man auch von lutherischer Seite direkt an die Vorstellung Rudolf Bohrens anknüpfen.

c) Kritische Einwände

Beide Konzepte imponieren durch ihre Schlüssigkeit. Sie geben aber etliche Fragen auf.

– Die funktionale Theorie von der Volkskirche muß sich fragen lassen, ob auf Grund der konkreten personellen, finanziellen und strukturellen Gegebenheiten die Kirche diese Funktionen auch nur halbwegs erfüllen kann. Die Verdünnung der Präsenz dieser Kirche, vor allem der der Pfarrer, macht das Konzept einer territorialen Volkskirche immer weniger realisierbar. Dadurch wird die Kindertaufe immer mehr abgebaut, weil mangelnde Präsenz und Zeitdruck die Kontakte entpersonalisieren und sogar auf einen fast anonymen Vollzug reduzieren. Diese Praxis straft die verbalen Beteuerungen von der Bedeutung der Taufe Lügen. Ihr

---

12 Vgl. J. Moltmann, Kirche in der Kraft des Geistes, München 1976.
13 ders., Offene Kirche durch Doppelstrategie? Die Krise der Volkskirche als Chance der Gemeinde, Evang. Kommentare 1976, Nr. 2, 84 ff.

Wert sinkt.
Volkskirche und Gesellschaft sind heute in einer vielfältigen Weise ineinander verflochten. Der Religionsunterricht als Konsequenz der Taufe ist nicht nur ein Feld, über das theologisch diskutiert werden kann, er ist zugleich Punkt eines Staatsvertrages und damit ein nicht ungewichtiger finanzieller Posten im Haushalt mancher Landeskirche. Die Frage der Freiheit der Kirche in diesem gesellschaftlichen System (Barmen I und II!) muß gestellt werden.
Welches Taufverständnis liegt hier vor? Es ist wohl deutlich, welche Funktion die Taufe für die Familie haben soll und auch für das kirchliche System selbst. Was aber wird damit über die Taufe selbst gesagt? Von einer schlichten Kindersegnung bis hin zum Kontakt mit einer sakramentalen Kraft, die mit dem mystischen Leib der Kirche verbindet und in diesen Menschen als Kraft wirksam bleibt, sind viele Variationen denkbar. Freilich wird damit Bonhoeffers Frage nach der billigen und der teueren Gnade wachgerufen.
– Ohne Zweifel scheint der Gedanke einer „Gemeindekirche" die Probleme der funktionalen Theorie von der Volkskirche mit einem Schlag zu beseitigen. Das macht auch seine Faszination gegenüber der hierarchisch verfaßten Amtskirche aus. Liegt die Gefahr der funktionalen Theorie in der Dominanz der volkskirchlichen Wirklichkeit, so muß hier das Ignorieren eben jener Wirklichkeit auf Grund einer mit ihr nicht vermittelbaren rigoristischen Theorie befürchtet werden. „Mit sozial-psychologischer Zwangsläufigkeit würde die gemeindekirchliche Pastoral-Strategie die jetzt immerhin noch vorhandenen und tolerierten volkskirchlichen Freiheitsspielräume beträchtlich verringern. Die Mitgliedschancen für Distanzierte, Andersdenkende und solche Christen, die aus zeitlichen, beruflichen und persönlichen Gründen nicht imstande oder Willens sind, sich in eine Gemeinde bzw. gerade in diese Gemeinde voll zu integrieren, würde rapide der Nullgrenze entgegensinken."[14] Dies hat theologische Relevanz, da die Gefahr besteht, daß das Evangelium vergesetzlicht und damit eingengt wird. Darüber hinaus negiert sie die wichtige theologische Erkennt-

---

14 H. Schilling, Kritische Thesen zur „Gemeindekirche", Diakonia, 6. Jg. 1975, Nr. 2, 78ff.

nis: Gemeinde ist Kirche, aber Kirche nicht nur Gemeinde.[15] Besteht dort die Tendenz, daß die Taufe zum opus operatum wird, so hier zum Zeichen des Entscheidungsaktes eines einzelnen.

Vor allem aber ergeben sich hier die schwierigen Fragen der Kirchenzucht. Wer wird getauft, wer nicht? Die gegenwärtigen Schwierigkeiten mit der kirchlichen Lebensordnung machen das eindrücklich deutlich. Viele Menschen, denen dieses Kirchen- und Taufverständnis begegnet, werden sich hier nicht akzeptiert und verstanden fühlen.

Im Ganzen bleibt der Eindruck, daß beide Entwürfe wichtige Aspekte der biblischen Botschaft verwirklichen. Aber gerade dort, wo über ihren Ansatz ein Koordinatensystem gezogen wird, in dem alle Erscheinungsformen des gegenwärtigen kirchlichen Lebens ihren Standort und ihre Bewertung bekommen, werden diese Entwürfe zum Problem. Hat sich nur die Wirklichkeit auf Grund der theologischen Konzepte zu verändern oder ist die Frage erlaubt, inwiefern auch theologisches Denken sich zu verändern habe?

3. *Überlegungen zur Komplementarität ekklesiologischer Entwürfe*

Das folgende sind tastende Versuche, anhand volkskirchlicher Wirklichkeit theologisch zu argumentieren. Dahinter steht die Erfahrung, daß sich die beiden kurz skizzierten Konzepte jeweils an ganz bestimmten kirchlichen Standorten aufdrängen, ja aufdrängen müssen. Es scheint, als ob wir auch hier neue Formen theologischen Denkens brauchen, um theologische Erkenntnisse und differenzierte Wirklichkeit miteinander vermitteln zu können. Es könnte sein, daß man diese oft widersprüchliche Wirklichkeit als eine Situation verstehen darf, die durch Komplementär-Erfahrungen gekennzeichnet ist.

a) Zum Begriff Komplementarität

Die moderne Atomphysik brachte in den Zwanziger Jahren die Krise jahrhundertealten Denkens. Die Entdeckung, daß sich das

15 ebd., 79.

Licht je nach Versuchsanordnung als Teilchen oder als Welle bestimmen läßt, somit als einander ausschließende Erscheinungen, hat diesen Umsturz des Denkens ausgelöst. Man war genötigt zu erkennen, daß die Wirklichkeit nie an sich, also objektivierbar festgestellt und definiert dem neutralen Betrachter gegenübersteht. Man lernte, daß der eigene Standort, die jeweilige Versuchsanordnung, das Ergebnis mit beeinflußt. Das hat mit Subjektivismus nichts zu tun; denn der Standort macht's, nicht das subjektive Bewußtsein. Der Begriff der Komplementarität sagt, daß die beschriebenen, einander ausschließenden Erfahrungen dennoch im Zusammenhang zu sehen sind, Aspekte der Wirklichkeit auf Grund eines jeweiligen Standortes und Ansatzes.

b) Theologischer Versuch mit dem Begriff der Komplementarität

Die klassische Dogmatik dachte wie die klassische Physik. Sie hatte etwa in der Gotteslehre Gerechtigkeit und Barmherzigkeit prinzipiell unterscheiden müssen, bis hin zu dualistischen Konsequenzen. Das klassische begriffliche definitorische Denken führt konsequent dazu. In Christus aber erfahre ich, daß beides komplementär zu sehen ist, ja, daß Gerechtigkeit wie Barmherzigkeit isoliert für sich gesehen äußerst problematisch sind. Der Glaube an Christus zwingt, beide Aspekte wohl als gegensätzliche Erfahrungen zu sehen, sie aber nicht gegeneinander auszuspielen. Er, der Unverfügbare, ist barmherzig und gerecht zugleich.
Die in der Taufe eingeschlossene Universalität, also Grenzenlosigkeit der Gnade und ihr Entscheidungscharakter weisen auf ähnlich gegensätzliche Grunderfahrungen. Sie lassen sich nie auf einen Nenner bringen, nie gleichzeitg von einem Standort ausmachen. Es gibt darum Situationen, in denen zur Entscheidung gerufen wird und die Universalität zurücktreten muß. Und es gibt Grundsituationen, in denen der Entscheidungscharakter der Taufe in den Hintergrund tritt, weil hier die Bedingungslosigkeit der Gnade zur Diskussion steht. In beidem aber geht es um das rechte Verständnis des lebendigen Christus, wir stehen also vor der Gefahr, hier wie dort einseitig zu begrenzen.
Wendet man diese Überlegungen auf die komplexe Situation der Kirche an, dann folgt daraus die Aussage:
Es geht um die eine Taufe und die möglicherwiese vielen Tauf-

verständnisse, die nicht kontradiktorisch, sondern komplementär zueinander verstanden werden müssen.

c) Auflösung der Einheit der Kirche?

Der Vorwurf, die Einheit der Kirche preiszugeben, liegt nahe. Die eine Taufe, sichtbar in der einen Taufagende, und dem hier intendierten Taufverständnis scheint diese Einheit zu garantieren. Nun soll das aufgelöst werden?
Dazu einige Überlegungen:
Versteht man unter Einheit gleiche Verhaltensweisen, gleiche Normen, gleiche Frömmigkeitstypen, ist diese Einheit in der Kirche (wie im Neuen Testament) nicht vorhanden. Eine Unterscheidung von Gemeindekirche, Kasualkirche und schwer eingrenzbaren anderen Gruppen entspricht der Wirklichkeit weit mehr. Komplementarität hier angewandt, sieht so aus:
Viele Kirchenmitglieder erwarten in ihrer distanzierten Frömmigkeit Hintergrunderfüllung und persönliche Begleitung. Die kirchliche Präsenz, vor allem die des Pfarrers, soll das vermitteln. Ein magisches Verständnis der Präsenz liegt nahe. Sie geht Hand in Hand mit einer „Religion ohne Entscheidung" (Wölber). Diese einfach nur zu bestätigen, wurde bereits als Gefahr der funktionalen Theorie von der Volkskirche deutlich gemacht. Sie braucht darum den sichtbaren und nachvollziehbaren Widerspruch des Evangeliums. Das macht den theologischen Stellenwert der Basisgemeinden aus. In ihrem Engagement für Randgruppen oder in ihrem Drängen nach christlicher Eindeutigkeit schärfen sie im volkskirchlichen System das Bewußtsein für die so notwendige Verbindlichkeit und bilden eine lebendige Warnung an die Kirche vor einem Absinken zum rein funktionalen Dienstleistungsbetrieb. Beide Seiten dürfen nicht gegeneinander ausgespielt, sie müssen komplementär verstanden werden.
Kerngemeinden im klassisch volkskirchlichen Sinn, aber auch mögliche Basisgemeinden werden wiederum durch die Existenz der Kasualchristen vor der Degeneration zur Sekte bewahrt. Ihr Begehren nach Amtshandlungen stellt nicht nur die Frage nach der Selbstverleugnung der Institution Kirche oder rigoristischer Basisgemeinde-Normen, sie hält auch die Grenzen der Kirche grundsätzlich offen. Der nicht organisierbare „Kasus-Christ"

bleibt die offene Wunde an dem gelegentlich narzißtisch bewunderten Leib einer ideal gedachten Kirche. Er macht deutlich, daß der Einzelne in seinen Bedürfnissen und Hoffnungen nicht im Kollektiv einer Gesellschaft, einer Kirche oder einer idealen Gemeinde aufgeht. Er ist der Testfall für die oft zitierte Absichtslosigkeit christlichen Handelns.

Wie wird nun sichtbar, daß es sich bei allen komplementären Erfahrungen um die eine Wirklichkeit, die eine Taufe handelt? Komplementarität will nicht Beziehungslosigkeit konstatieren, die verschiedenen Aspekte sind darum im Vollsinn frag-würdig. Der Dialog über der einen Sache ist der Ausdruck der Komplementarität. Darum kann die Formel: Eine Taufe und verschiedene Taufverständnisse nicht als die Beschreibung eines beziehungslosen Nebeneinanders gelten. Damit jede dieser Tauffeiern, die der Kerngemeinde ebenso wie die der Kasualkirche, in diesem Sinn fragwürdig bleibt, müssen sie Elemente enthalten, an denen gegenseitig jene eine Taufe wiedererkannt wird.

Die eine Taufe wird in all den verschiedenen Bereichen wiedererkannt an dem Element (Wasser), dem eindeutigen Bezug auf Jesus Christus (Taufbefehl) und dem Vollzug im Namen des dreieinigen Gottes. Diese Handlung mit diesen Kennzeichen rangiert vor dem jeweiligen Taufverständnis. Das ist vergleichbar mit der neutestamentlichen Tatsache, daß der eine Herr der Kiche in den unterschiedlichen neutestamentlichen Schriften und deren gemeindlichen Hintergründen in verschiedener Weise verstanden, gedeutet und bekannt wird. „Jesus hat viele Namen“. So wird der Vollzug der einen Taufe in verschiedenen Bereichen verschiedene Verständnisse ausformen dürfen, wie es ja auch im Neuen Testament der Fall ist. Ob sie jeweils mit der einen Taufe noch übereinstimmen, muß die kritische Rückkoppelung zum Urzeugnis des Neuen Testamentes erbringen. Dort gilt: Wer bekennt, daß Jesus der Kyrios ist, der spricht aus dem Geist (1 Kor 12,3). Die kritische Frage wird also jedes Mal sein, was sich in dem jeweiligen Taufverständnis in den Mittelpunkt schiebt, ob Christus dabei groß oder klein gemacht wird. Eine Taufe im Bereich der Kasualkirche, die zur religiösen Kindersegnung, zur einseitigen Befriedigung unterschwelliger Bedürfnisse wird, ist ebenso problematisch wie eine Taufagende, in der die freie Gnade Christi gefesselt wird in Ansprüchen kirchlicher Jurisdiktion oder Esoterik.

d) Komplementäre Grundsituationen der Kirche

Folgende Sätze sind der Versuch, die Komplementarität unterschiedlicher Situationen in ihrer Bezogenheit aufeinander zu verdeutlichen.

– Eine Taufe im Bereich der Kasualkirche wird sich stärker mit der punktuellen Begegnung abfinden müssen. Zwar geht es dabei auch um die Streckung dieser punktuellen Begegnung, also um Angebote für Eltern und Kind über die Tauffeier hinaus, für die Situation des Alltags. Dennoch bleibt der Grundcharakter des kaum Integrierbaren in die bestehende Kerngemeinde. Der Pfarrer muß viele Kasualchristen ziehen lassen. Es wäre aber verkehrt, daraus das Konzept einer Service-Station, eine Anlaufstelle für unzählige punktuelle Begegnungen bei gleichzeitiger Preisgabe oder Vernachlässigung der Gemeindekirche zu fordern. Gerade das Engagement für die Gemeindekirche, der Versuch sinnvolle und einladende Versammlungsformen und Treffpunkte zu entwickeln, ist wichtig. Er ist Ausdruck einer komplementären Gemeindearbeit. Erst das eine ermöglicht das andere und umgekehrt.

– Die Kindertaufe steht auch in der Kerngemeinde in der Gefahr, einseitig privatisiert zu werden. Auch hier ist der Bezug über die Familie hinaus schwer herstellbar und auch verstehbar. Auf der anderen Seite wird soziales oder kommunalpolitisches Engagement für Kinder kaum als spezifisch christlich angesehen. In Wirklichkeit ist es ein komplementäres Geschehen. Das Engagement für die Kinder ist die politische Konsequenz daraus, daß Christus in der Taufe der Herr über diese Kinder geworden ist. Die Gemeinde hat sich darum vor die Kinder zu stellen, damit nicht andere über sie Herr werden. Dieser innere Zusammenhang kann und muß dargestellt werden.[16]

– Es ist zu fragen, ob nicht auch die Freigabe der Erwachsenentaufe als komplementäres Geschehen in der Gemeinde verstanden werden muß. Auch auf diese Weise wird ein gedankenloses

16 Vgl. den Familiengottesdienst „Laßt sie doch kommen", in: G. Kugler/H. Lindner, Neue Familiengottesdienste, Gütersloh 1974.

opus operatum aufgebrochen. Die Befürchtung, daß dadurch die Kindertaufe entwertet wird, ist mit Sicherheit unbegründet.

II. INTERESSENFELDER BEI DER TAUFE DES KINDES

Bei der Taufe eines Kindes kreuzen sich die verschiedensten Interessen. Im folgenden wird versucht, den Anliegen der einzelnen Teilnehmer und Interessengruppen der Taufe nachzugehen.
Es mag zunächst theologisch problematisch erscheinen, an das Geschehen der Taufe mit dem Begriff des Interesses heranzugehen, der zu unterstellen scheint, daß die Taufe „von unten" statt von „oben" konstituiert wird.
Dies ist ein Mißverständnis. Zunächst soll mit diesem Ansatz nicht mehr versucht werden, als die Lage zu beschreiben. Eine theologische Wertung ist damit noch nicht verbunden. Theologisch bedeutsam ist dieser Ansatz dennoch. Allzuoft ist bislang versucht worden, das Eingehen auf die Lebenssituation als „bloße" Beschäftigung mit soziologischen oder psychologischen Problemen zu kritisieren und dagegen eine theologische Mitte zu stellen, die bei näherer Betrachtung eben doch nur das kirchliche Interesse an der Handlung verkörpert. Die Analyse der Interessenfelder wird hier in der Absicht unternommen, eine sachgerechte und nicht verengte Basis für die theologische Durchdringung zu gewinnen.
Eine weitere Erläuterung ist notwendig. Die Aufteilung der Interessen auf die einzelnen Träger ist nicht ausschließlich zu verstehen. Wenn ein Interesse schwerpunktmäßig zum Beispiel dem Vater zugeordnet ist, soll damit nicht ausgeschlossen werden, daß die Mutter dieses Interesse auch haben könnte oder daß für die Ortsgemeinde dies auch von Bedeutung sein könnte.

1. *Die Taufgesellschaft*

a) Geburt und Taufe

Was bewegt die einzelnen bzw. die Familien bei der Taufe?
Man wird rasch feststellen, daß viele Motive sehr eng mit der Ge-

burt zusammenhängen. Je weiter die Taufe von der Geburt wegrückt, desto schwächer werden diese Interessen werden. In der Regel kann man jedoch davon ausgehen, daß bei den üblichen Taufterminen zwischen 4 Wochen und einem halben Jahr nach der Geburt das Interessenfeld noch relativ stark sein wird. Ebenfalls wird sehr rasch auffallen, daß der Eintritt des Ereignisses (Geburt eines Kindes) und die Feier, die sich an die Taufe anschließt, im Vergleich zu anderen Familienfesten relativ weit auseinander getreten sind. Das mag seinen Teil dazu beigetragen haben, daß die Taufe zu den „kleinsten Festen" im Familienkreis gehört. Um die Geburt eines Kindes herum gibt es einige kleinere „Feieransätze": Beim Eintreffen eines Stammhalters muß der Vater „einen ausgeben". Die Geburt eines Kindes wird im Kreis eines Dorfes oder eines Vereins mit einigen Bräuchen begangen, die je nach Landschaft recht unterschiedlich sind. Offensichtlich gehört es zu den Kennzeichen bei den Geburtsfeiern, daß Männer und Frauen mit sehr unterschiedlichen Bräuchen feiern bzw. gefeiert werden. Beim Mann wird der Stammhalter-Vater gefeiert oder der Tochter-Vater bedauert, sicher versteckte Anspielungen auf die „Fähigkeiten" eines Mannes, für männlichen Nachwuchs zu sorgen. Die Frau wird umsorgt und unterstützt. Sie wird im Wochenbett besucht, sie erhält Geschenke, in manchen dörflichen Gegenden werden ihr durch die Dorfgemeinschaft viele häusliche Verpflichtungen abgenommen.
Wenn nun nach einiger Zeit die Taufe erfolgt, ist die Geburt zum Teil schon gefeiert, zumindest was den öffentlichen Teil betrifft. Diese besondere Stellung der Taufe im Verhältnis zum Anlaß hat sicher das Ihre dazu beigetragen, daß Tauffeiern schon immer eine Tendenz zum Privaten, zum „Winkel" hatten.

b) Die Einzelinteressen

Das Kind
Die Interessen des Säuglings konzentrieren sich ausschließlich auf die Erhaltung seines Wohlbefindens. Es möchte rechtzeitig zu trinken haben. Zu heißes oder zu kaltes Taufwasser, zu hohe oder zu tiefe Töne, zu lauter Gesang oder zu dröhnendes Orgelspiel stören sein Wohlbefinden und werden mit Protest quittiert.

Die Mutter
Die Mutter steht vor dem überwältigenden Eindruck, daß neues Leben entstanden ist. Dies äußert sich im Glück über das (gesunde) Kind. Viele haben das Bedürfnis, dies auszudrücken. Die Teilhabe des Menschen an Gottes Schöpfermacht wird sichtbar. Neben diesen Glücks- und Dankesgefühlen stehen eine Reihe von Schwierigkeiten auch und gerade für die Mutter. Beim ersten Kind einer berufstätigen Mutter muß sie die Balance zwischen ihrer Rolle als Mutter und als berufstätige Frau suchen. Sie wird den Verlust an Freiheit, der die Pflege eines kleinen Kindes mit sich bringt, zu verarbeiten haben. Probleme bei der Pflege und bei der Erziehung des Kindes müssen gelöst werden.

Der Vater
Auch er hat Anteil an dem Dank und der Freude über die Geburt eines Kindes ebenso wie an den Schwierigkeiten der neuen Konstellation. Er steht vor der Aufgabe, vor allem beim ersten Kind, insbesondere seine Frau als Mutter zu akzeptieren und nun der Verantwortung für eine größere Familie gerecht zu werden. Schon bei gewollten Kindern fällt die Aufnahme des neuen Familienmitgliedes nicht immer leicht. Umso größer ist die Aufgabe bei ungewollten Kindern. Auch Enttäuschungen über das „falsche" Geschlecht des Kindes müssen u.U. verarbeitet werden.

Die Geschwister
Für die Geschwister ist das neue Kind in der Familie Bereicherung und Freude. Daneben bleibt die Tatsache, daß die Geschwister nun ihre Eltern und vor allem ihre Mutter teilen müssen. Diese neue Lage muß bewältigt werden.

Die Großeltern
Sie spielen eine wichtige Rolle. Beim ersten Kind der eigenen Kinder wird man den Generationeneinschnitt sehr deutlich spüren. Der Fortbestand der Familien oder ihrer Werte ist nun gewährleistet bzw. muß gesichert werden. Im allgemeinen denkt die ältere Generation mehr in Richtung der größeren Familie bzw. der Verwandtschaft und versucht das Kind hier einzuordnen.

Die Paten
Sie nehmen eine Zwischenstellung zwischen der Taufgesellschaft

und zwischen den Interessen der Kirche ein. Von Seiten der Eltern werden sie als Begleiter bei der Erziehung und als Helfer in schwierigen Situationen gesehen. Die Eltern und auch die Paten sind sich dieser besonderen Verantwortung in Notfällen meist sehr deutlich bewußt. Dem gegenüber dürften die materiellen Erwartungen an Paten zurückgetreten sein.

Die Freunde der Familie
Sie stehen vor der Aufgabe, die neue Lage zu bewältigen. Vor allem beim ersten Kind bedeutet dies im allgemeinen eine erhebliche Veränderung an der bisherigen Freundeskonstellation. Die neue Familie hat weniger Zeit für die alten Freunde und ist weniger mobil. Dies kann je nach der familiären Situation der Freunde zu einer größeren Nähe oder zu größerer Distanz führen.

Die Familie
Die Familie muß insgesamt nun als neue Konstellation bewältigt werden. Neue Rollen müssen sich einspielen, die Zukunftsangst muß bestanden werden. Das Kind soll angenommen werden, man will dem Kind Anteil an den eigenen Werten, auch an dem eigenen Glauben geben.

2. *Die Öffentlichkeit*

Die Interessen der Öffentlichkeit an der Taufe sind relativ schwach ausgebildet. Im engeren Kreis geht es um die Aufrechterhaltung der Sitte. Das zeigt sich eben auch darin, daß man Wert darauf legt, daß ein Neugeborenes getauft wird „wie es sich gehört". Die Interessen der Gesellschaft hängen an der Frage, wie weit die Sozialisation eines Kindes gesichert werden kann und welchen Beitrag dazu die religiöse Sozialisation eines Kindes leistet.

3. *Die Kirche*

Die Interessen der Kirche an der Taufe sind vielfältig. Auch hier muß wieder gesagt werden, daß der Vollzug der Taufe als mandatum dei nicht gefährdet wird, wenn gesehen oder zugegeben wird, daß sich dieser Auftrag auch in den Interessen wiederfindet, die die Kirche an der Taufe hat.

a) Die Gesamtkirche

Die Gesamtkirche ist an dem Vollzug der Taufe insofern stark interessiert, als durch die Taufe neue Mitglieder gewonnen werden. Die kirchliche Sozialisation eines Kindes wird auf diese Weise eingeleitet bzw. gesichert. Es wäre aber zu kurz, der Gesamtkirche nur diese Interessen zuzuordnen. Die Kirche will auch das ihr anvertraute Heil allen Menschen weitergeben. Dies kann nur gesichert werden, wenn die Tauflehre lebendig bleibt und wenn Taufverständnis geweckt wird.

b) Die Ortsgemeinde

Interessen der Ortsgemeinde gehen ebenfalls in die Richtung, ein neues Mitglied zu gewinnen und über die Taufe in Kontakt zu allen Gemeindegliedern zu treten. In der Taufe übernimmt die Ortsgemeinde ein Stück konkrete Verantwortung für die Kinder. Ferner gibt es sicher ein Interesse der Ortsgemeinde, mit Hilfe des Taufvollzugs den Gottesdienst lebendig zu halten.

c) Der Pfarrer

Er möchte über den Kontakt zu den Taufeltern und zu den Getauften das Verhältnis zur Gemeinde verbessern und das Feld der Verkündigung, Seelsorge, Beratung und Begleitung offenhalten.

III. VORÜBERLEGUNGEN ZUR GESTALT VON TAUFAGENDEN

1. *Kinder werden getauft*

Wenn man sich aus guten Gründen zur Fortsetzung der Kindertaufpraxis entscheidet, entscheidet man sich dabei gleichzeitig dafür, die familiäre Situation ernst zu nehmen. Das Eingehen auf die Interessenfelder der Familie muß in den Taufagenden Raum bekommen. Dieser Raum darf nicht auf die Ansprache begrenzt

bleiben, während die übrige Agende eigentlich als die Taufe eines Erwachsenen konzipiert ist.
Dies bedeutet zum Beispiel, Möglichkeiten zu schaffen, daß Kinder und ihre Geschwister vorgestellt werden, daß Geschwister und eventuell sogar die Großeltern in die Handlung mit einbezogen werden und daß der Familiensegen neu entdeckt wird.
Nimmt man die Taufe des Kindes ernst, dann wird die Unterstellung eines Kindes unter den Herrschaftsanspruch Christi zur theologischen Zentralaussage. Dies muß in der Gestaltung berücksichtigt werden.

2. *Volkskirche und Gemeindebezug*

Wenn man sich aus guten Gründen zur Kindertaufe in der Volkskirche entscheidet, hat das zur Konsequenz, die volkskirchliche Situation ernst zu nehmen, ohne sie festzuschreiben. Eine Taufagende wird ihren Gemeindebezug dadurch bewähren müssen, daß sie die Komplementarität verschiedener Gemeindeformen in der Volkskirche dadurch ernst nimmt, daß sie nicht einflächig auf *eine* Erscheinungsform von Gemeinde hin entworfen ist. Bei dem Versprechen von Eltern und Paten entscheidet sich viel über die Gemeinde, auf die hin die Taufe erfolgt. Wenn das Ziel hier ausschließlich die sich im sonntäglichen Gottesdienst versammelte Kerngemeinde ist, wird die volkskirchliche Situation verfehlt. Es geht darum, Gemeindeglieder aus der „Kasualkirche“ mit dem Zuspruch und Anspruch des Evangeliums in ihrer Situation zu konfrontieren, ohne sie auf bestimmte Erscheinungsformen des Glaubens in der Gemeindekirche festzulegen.
Als Konsequenz wird es eine reichere Vielfalt von Taufagenden geben müssen, die auch die unterschiedliche familiäre Situation berücksichtigt.

3. *Sakrament und Familie*

Die Taufe ist Sakrament. Es liegt deshalb nahe, jedes Eingehen auf die Interessenlage der Familie als Verdunklung des sakramentalen Charakters der Taufe zu verstehen. Wer hier eine Gefahr sieht, dem scheint sich eine Lösungsmöglichkeit anzubieten. Um die Taufe herum haben sich im Verlauf der Jahrhunderte Initiations- und Katechumenatsriten angelagert. Diese Riten scheinen es möglich zu machen, zwischen der eigentlichen Taufe als der sakramentalen Handlung und den hinführenden bzw. die familiäre Situation aufnehmenden Elementen zu unterscheiden. Taufgespräch, Berücksichtigung von Eltern und Geschwistern und das Eingehen auf die Familiensituation gehören nach diesem Modell zur Vorbereitung der Taufe, können grundsätzlich vom Taufvollzug abgetrennt werden. Damit ist die Taufe als Teil der Heilsordnung Gottes „rein“ erhalten.

Diese Lösung ist deshalb gefährlich, weil sie ein wirkliches Eingehen auf verschiedene Bedürfnisse von Gemeindekirche und Kasualkirche nur vorgibt. In der Konsequenz dieser Überlegungen werden sich dann Katechumenats- und Initiationsriten etwa in Form einer Kindersegnung als das Angebot für die Kasualkirche anbieten, während für die Gemeindekirche die „eigentliche“ Taufe vorbehalten bleibt.

Sollten Tauf- oder Kindersegnungsagenden diesen Weg gehen, wäre das Prinzip der Komplementarität beider Erscheinungsformen von Gemeinde verletzt.

Wenn beide Formen zusammen gehören, dann entspricht es dem Wesen einer darstellenden Handlung, beide Aspekte nicht in verschiedenen Gestaltungsmöglichkeiten auseinanderzureißen.

Auch aus theologischen Gründen erscheint die Trennung des „reinen“ Sakraments und der Initiationsriten nicht möglich zu sein. Begleitung in der familiären Situation und sakramentales Geschehen können nicht auseinander gerissen werden. Die Begleitung ist die Verdeutlichung und Konkretion des sakramentalen Geschehens hinein in das Leben. Beide Aspekte der Taufe in der Volkskirche müssen deshalb aufeinander bezogen bleiben. Nur so wird die Kindersegnung davor bewahrt bleiben, als beliebige Weihehandlung mißverstanden zu werden, nur so wird das Sakrament seinen Lebensbezug erhalten können.

IV. ANREGUNGEN ZUR VORARBEIT DER TAUFE

1. *Kontakte zu „werdenden Eltern" suchen.*
Verbindungsmöglichkeiten sind bei dem natürlichen Interesse der zukünftigen Eltern an Information über die neue Situation (Babypflege, Entwicklung des Kindes im ersten Lebensjahr) Auskünfte über die Taufe.

2. *Glückwunsch oder Besuch zur Geburt des Kindes*
anhand der Adressen der Neugeborenen.

3. *Terminabsprache für die Vorbereitung der Taufe*
Nicht als „Amtshändler" kommen, sondern als Gesprächspartner. Eine evtl. begrenzte Zeit angeben und die Möglichkeit zur Wiederholung des Gesprächs anbieten. U.U. Paten bei einem Zweitgespräch mit einladen. Das vorbereitende Gespräch mit beiden Ehepartnern führen.

4. *Hinweise für das Gespräch*

a) Einen positiven ersten Kontakt herstellen
b) Zeit der Schwangerschaft und die neue Familienkonstellation besprechen. Hilfen zur Bewältigung der neuen Situation in der Taufe aufzeigen.
c) Erkundigen nach dem Kind. Wünsche für die Zukunft des Kindes artikulieren und in Verbindung mit dem Wunsch zur Taufe und dem Geschehen der Taufe bringen. Die Aussage entfalten: „Ein Kind wird unter die Herrschaft Christi gestellt."
d) Unsicherheit vor dem ungewohnten Ablauf der Taufe nehmen. Genaues Durchsprechen. Möglichkeit der aktiven Mitbeteiligung von Eltern, Paten und Freunden besprechen (Lesungen, formulierte Gebete, Erläuterungen des Namens, warum dieses Kind getauft werden soll ...).
e) Fotografieren besprechen (möglichst viel erlauben). Im Fami-

lienalbum zu blättern und Bilder von der Taufe anzusehen, kann später eine sehr intensive Form des Taufgedächtnisses werden!

f) Anhand der Kollekte die Möglichkeit nutzen, über Kirche und Geld zu reden.

g) Anregungen für die Gestaltung des Festes nach der Taufe geben.

h) Kontakt zu älteren Kindern suchen, die bei der Taufe mit dabei sein werden.

i) Mögliche Taufsprüche mitbringen, mögliche Lieder vorschlagen und Eltern und Paten auswählen lassen.

k) Über das Angebot der Kirchengemeinde für Eltern und Kinder sprechen. Mit den Eltern überlegen, was für sie sinnvoll ist.

V. TAUFE ALS FAMILIENGOTTESDIENST[17]

Mitwirkende*: 4 Täuflinge mit ihren Familien, 2 Pfarrer, viele Kinder, die Gemeinde der Erwachsenen*

Ablauf der Taufe*: Begrüßung – Begründung der Taufe – ein Lied der Freude – Wasserschöpfen der Kinder – Meditation über die Bedeutung des Wassers bei der Taufe – Tauflied – Vorstellung der Täuflinge – Zuordnung der Kinder zu den verschiedenen Täuflingen mit Hilfe einer Bildkarte – Frage an die Eltern und Paten – Glaubensbekenntnis (in Form eines Liedes) – Taufe der Kinder mit Verkündigung der Taufsprüche – Lied des Vertrauens – Gebet – Vaterunser – Segen.*

Nach der Taufe *fand man sich im Gemeindesaal zu einem Glas Sekt und einem Eintopfessen zusammen.*

17 Der folgende Taufgottesdienst wurde in der Nachweihnachtszeit gehalten und von einem Team unter der Leitung von Oberkirchenrat Dr. W. Rupprecht, Augsburg, gestaltet.

EINLADUNG

Wir machen wieder einen

FAMILIENGOTTESDIENST

am Sonntag, den 4. Januar 1976
um 10 Uhr
in der Rellinger Kirche

Wir t a u f e n vier Kinder

Grit
Sebastian
Melanie
Florian

und laden alle ein,
dabeizusein und mit uns
darüber nachzudenken,
was es mit der Taufe
auf sich hat.
Alle Kinder, die da sind,
bekommen etwas zu tun!

ich wurde nicht gefragt
bei meiner geburt
und die mich gebar
wurde auch nicht gefragt
bei ihrer geburt
niemand wurde gefragt
außer dem Einen
und der sagte
ja

Kurt Marti[18]

---

18 Copyright Verlag Arthur Niggli AG, Niederteufen/Schweiz. Aus: K. Marti, Gedichte am Rand, 3. Auflage 1974.

FAMILIENGOTTESDIENST ZUR TAUFE von GRIT
SEBASTIAN
MELANIE
und FLORIAN

am 4. Januar 1976

1. *Das Programm*

– Vorspiel
– Begrüßung und Begründung der Taufe
– Wir singen ein LIED:

(1) Daß ich springen darf und mich freuen – ich danke dir!
Daß ich spielen darf und mich freuen – ich danke dir!

(2) Daß ich tanzen darf und mich freuen – ich danke dir!
Daß ich träumen darf und mich freuen – ich danke dir!

(3) Daß ich singen darf und mich freuen – ich danke dir!
Daß ich lieben darf und mich freuen – ich danke dir![19]

– Alle Kinder schöpfen Wasser in einen Kupferkessel
– Wenn der Kessel voll ist, machen wir uns GEDANKEN ÜBER DAS WASSER (eine „Wassermeditation“)
– Wir singen nach der Melodie des Liedes „Liebster Jesu, wir sind hier“:

(1) Kind, du bist uns anvertraut.
Wozu werden wir dich bringen?
Wenn du deine Wege gehst,
wessen Lieder wirst du singen?
Welche Worte wirst du sagen
und an welches Ziel dich wagen?

(2) Kampf und Krieg zerreißt die Welt,
einer drückt den andern nieder.
Dabei zählen Macht und Geld,
Klugheit und gesunde Glieder.
Mut und Freiheit, das sind Gaben,
die wir bitter nötig haben.

19 aus: Mein kleines Gebetbuch, Chr. Kaiser Verlag, München 1961

(3) Freunde wollen wir dir sein,
sollst des Friedens Brücken bauen.
Denke nicht, du stehst allein,
kannst der Macht der Liebe trauen.
Taufen dich in Jesu Namen.
Er ist unsere Hoffnung. Amen.[20]

– Die vier Täuflinge werden vorgestellt, und wir überlegen uns, WAS SIE WOHL AM NÖTIGSTEN BRAUCHEN
– Frage an die Eltern und die Paten
– Jedes Kind bekommt ein BILD und muß den Täufling suchen, den das Bild zeigt
– Aus dem Lied „Ich steh an deiner Krippe hier"[21] singen wir:

(1) Da ich noch nicht geboren war, da bist du mir geboren
und hast mich dir zu eigen gar, eh' ich dich kannt, erkoren.
Eh' ich durch deine Hand gemacht, da hast du schon bei dir bedacht,
wie du mein wolltest werden.

(2) Ich sehe dich mit Freuden an und kann mich nicht satt sehen;
und weil ich nun nichts weiter kann, bleib ich anbetend stehen.
O daß mein Sinn ein Abgrund wär und meine Seel' ein weites Meer,
daß ich dich könnte fassen!

(3) Eins aber, hoff ich, wirst du mir, mein Heiland, nicht versagen:
daß ich dich möge für und für in, bei und an mir tragen.
So laß mich doch dein Kripplein sein; komm, komm und lege bei mir ein
dich und all deine Freuden!

– Mit Wasser aus dem Kupferkessel taufen wir GRIT
SEBASTIAN
MELANIE
und FLORIAN

---

20 Quelle unbekannt
21 EKG 28

– Danach singen wir ein LIED DES VERTRAUENS:

(1) Weißt du, wieviel Sternlein stehen
an dem blauen Himmelszelt?
Weißt du, wieviel Wolken gehen
weithin über alle Welt?
Gott, der Herr, hat sie gezählet,
daß ihm auch nicht eines fehlet
an der ganzen großen Zahl, an der ganzen großen Zahl.

(2) Weißt du, wieviel Mücklein spielen,
in der heißen Sonnenglut?
Wieviel Fischlein auch sich kühlen
in der hellen Wasserflut?
Gott, der Herr, rief sie mit Namen,
daß sie all ins Leben kamen,
daß sie nun so fröhlich sind, daß sie nun so fröhlich sind.

(3) Weißt du, wieviel Kinder frühe
stehn aus ihrem Bettchen auf,
daß sie ohne Sorg und Mühe
fröhlich sind im Tageslauf?
Gott, der Herr, der hat an allen
seine Lust, sein Wohlgefallen,
kennt auch dich und hat dich lieb,
kennt auch dich und hat dich lieb![22]

– Gebet und

VATER UNSER IM HIMMEL,
geheiligt werde dein Name,
dein Reich komme,
dein Wille geschehe
wie im Himmel, so auf Erden.
Unser tägliches Brot gib uns heute,
und vergib uns unsere Schuld,
wie auch wir vergeben unseren Schuldigern.
Und führe uns nicht in Versuchung,
sondern erlöse uns von dem Bösen.

---

22 EKG, 545

Denn dein ist das Reich
und die Kraft und die Herrlichkeit
in Ewigkeit. Amen.

– Segen
– Nachspiel

Die KOLLEKTE erbitten wir am Ausgang: Sie wird verwendet zum Ausbau und zur Restauration der Kirche auf der Hallig Langeness

2. *Texte*

a) Begrüßung

Liebe Kinder, liebe Eltern, liebe Freunde,

nun geht das Tauffest also los. Eine Taufe wie diese hat die Rellinger Kirche, glaube ich, noch nicht zu sehen bekommen (Obwohl sie in diesem Jahr schon 220 Jahre alt wird). Normalerweise geht es bei den Taufen sehr ruhig zu, weil da nur wenige Menschen zusammen sind: eine oder zwei Familien, und die treffen sich in der Kirche erst, wenn die anderen, die vorher im Gottesdienst waren, schon nachhause gegangen sind. Man interessiert sich sozusagen nicht füreinander. So eine Taufe ist Familien- oder Privatsache.
Eben dies ist sie aber in Wirklichkeit nicht, glaube ich. Wenn ein Kind getauft wird, so geht das alle an. Es gibt weit und breit keine Veranstaltung, in der kleine Kinder so wichtig genommen werden wie in der Taufe – kleine Kinder, die im übrigen noch nicht viel zu melden haben. Darum sollten die Großen ab und zu einmal eine Taufe miterleben, finde ich. Und darum machen wir heute einen Familiengottesdienst, in der die Taufe die Hauptsache ist, als nicht erst etwas hinten Drangehängtes.

b) Begründung der Taufe

Manches von dem, was wir jetzt tun, mag Ihnen neuartig erscheinen. Wir wollen die Taufe Ihrer vier Kinder ja als Familiengottesdienst so gestalten, daß auch andere Kinder daran beteiligt wer-

den. Aber das Ganze, d.h. die Taufe selbst, ist nicht unsere Erfindung. Wir berufen uns dabei auf Jesus Christus und auf seinen Befehl.
Wir lesen ihn am Ende des Matthäus-Evangeliums: „Jesus sprach zu seinen Jüngern: Gehet hin in alle Welt und macht zu Jüngern alle Völker und taufet sie auf den Namen des Vaters und des Sohnes und des Heiligen Geistes und lehret sie halten alles, was ich euch befohlen habe. Und siehe, ich bin bei euch alle Tage bis ans Weltende."
So möchte dieser Taufgottesdienst also verstanden werden als Ja zu Jesus Christus, als Ausdruck der Hoffnung und des Vertrauens, das wir auf ihn setzen und in das hinein wir auch unsere Kinder bergen wollen.
Wenn es dabei, wie gesagt, etwas unkonventionell zugeht, vor allem durch die Beteiligung der anderen Kinder, dann meinen wir freilich, gerade auch auf diese Weise im Sinne Jesu zu handeln, der im Unterschied selbst zu seinen Jüngern Verständnis für kindliche Unbekümmertheit und Fröhlichkeit besaß und sie uns Erwachsenen zum Vorbild hinstellt: „Lasset die Kinder zu mir kommen und wehret ihnen nicht, denn solcher ist das Himmelreich ... Wahrlich, ich sage euch, wenn ihr nicht umkehrt und werdet wie die Kinder, werdet ihr nicht ins Himmelreich kommen."
Ein Stücklein dieser Umkehr vollziehen wir, wenn wir in ein kindliches, fröhliches Lied einstimmen, wie es das erste Lied auf unserem Blatt ist.

c) Wassermeditation

Ich möchte zunächst mich bei all denen recht herzlich bedanken, die mitgeholfen haben, daß das große Taufbecken nun voll Wasser ist. Denn ohne Wasser geht es bei der Taufe nicht. Martin Luther hat freilich im Kleinen Katechismus von der Taufe gesagt: „Das Wasser dabei allein tut's nicht, sondern das Wort Gottes, das mit und bei dem Wasser ist, und der Glaube, der diesem Wort Gottes im Wasser traut." Und deshalb bekommt jedes Ihrer Kinder ein Wort mit als Taufspruch, das für ihr Leben Bedeutung gewinnen soll und an das auch Sie sich ein wenig halten können.
Aber als Zeichen und Symbol hat bei der Taufe das Wasser nun doch auch seine besondere Bedeutung. Ich kann es hier nur mit

einigen Überlegungen andeuten. Ihrer Fantasie sind darüber hinaus keine Grenzen gesetzt.
Wasser kann ja beides sein und ist es wohl auch immer: lebenserhaltende und lebensbedrohende Macht. Als lebensfeindliche Macht ist uns das Wasser gerade jetzt wieder in diesen Sturmtagen an der Küste begegnet. So erfahren, wird das Wasser zum Symbol der Naturgewalten, gegen die wir machtlos sind. Zugleich aber ist das Wasser doch auch die entscheidende Voraussetzung für unser Leben: Im Wasser ist vor Urzeiten hier auf Erden das Leben entstanden und daraus hat sich dann alles weitere entwickelt. Und wichtiger und unentbehrlicher zur Fristung und Erhaltung des Lebens als feste Speise sind ein paar Tropfen Wasser.
Im Element Wasser sucht der Mensch zugleich aber auch Reinigung und Erquickung: Wer sich mit Wasser wäscht, wird rein vom Schweiß der Arbeit und vom Schmutz der Straße. Und wer sich im Wasser badet oder schwimmt, der fühlt sich danach wie neugeboren ... Noch an manch anderes könnte man denken: Wie die Menschen, die an beiden Ufern eines Flusses oder eines Meeres leben, durch das Wasser getrennt und verbunden werden. Oder wie man sich auf dem Wasser hilflos vorkommt wie ein Kahn auf einer stürmischen See. Oder wohlgeborgen wie ein Kind im Mutterleib oder ein Erwachsener in der Badewanne.
Von beiden Seiten her, der positiven und der negativen, darf das Wasser von uns bei der Taufe verstanden werden. Die Gemeinschaft mit Jesus, die uns durch die Taufe angeboten und geschenkt wird, möchte uns wie das Wasser Lebensmöglichkeiten schenken, die über unsere eigenen biologischen und geistigen Möglichkeiten hinausgehen, und will uns wie das Wasser befreien von allem, was unser Leben beschmutzt. Und schließlich kann sie wie Wasser den Durst sowie die Sehnsucht unseres Herzens nach Lebenserfüllung und Selbstverwirklichung stillen. Zugleich aber gibt es keine Bedrohung und Gefährdung durch andere Mächte, die uns von der Gemeinschaft mit Jesus Christus trennen können. Alle Wasser dieser Erde sind nicht mehr wie ein paar Tropfen in seiner hohlen Hand. Wer sich davon bedroht fühlt, ist dennoch umgeben von seiner Liebe.

d) Vorstellung der Kinder

GRIT

Bruder: Lars, 3 Jahre alt. Die Familie ist gerade umgezogen aus einer Wohnung, die für zwei Kinder zu klein wurde, in ein Haus. Grit ist, wie es scheint, ein freundliches und nicht so leicht aus der Ruhe zu bringendes Wesen; ihre Eltern glauben, daß sie sich einmal müheloser wird durchsetzen können als Lars, der es sich schwer macht. Grit ist die Jüngste: 2 1/2 Monate.

SEBASTIAN

Hat auch schon einen Bruder. Christian. Sebastian ist so alt wie Florian: gut vier Monate. Er wird anders groß werden als andere Kinder: sein Bruder Christian ist behindert, ein mongoloides Kind. Es war für seine Eltern ein aufregender Versuch, sich ein zweites Kind zu wünschen: es hat ihnen viel Angst gemacht. Sebastian ist gesund, und sie sind sehr froh darüber. Christian scheint seinen Bruder sehr zu lieben, und wir hoffen sehr, daß daraus eine gegenseitige Liebe wird: daß beide *miteinander* zu leben lernen und sich gegenseitig helfen.

MELANIE

Wohnt in Pinneberg. Ihre Eltern sind in dieser Kirche getraut, ihr Bruder ist hier getauft worden: Mario ist inzwischen 4 1/2 Jahre alt. Melanie ist das Älteste unter den vier Täuflingen: gut fünf Monate. Ihre Mutter sagt von ihr, daß sie sehr liebenswert sei – sie muß es wissen. Sehr temperamentvoll ist Melanie überdies: Wenn man sie fünf Minuten allein läßt, muß man damit rechnen, daß sie in der Zwischenzeit irgend etwas anstellt. Mit ihrem Bruder versteht sie sich offenbar gut, die beiden sind, wie man so sagt, „ein Herz und eine Seele“.

FLORIAN

Florian ist ein Wunschkind und hat schon eine dreijährige Schwester. Wir hoffen, daß zwischen den beiden Kindern alles gut läuft. Sein zweiter Name „Erich“ soll ihn an seinen Großvater Erich erinnern. Er ist vor drei Jahren gestorben und wir denken in dieser Stunde mit Wehmut an ihn, so wie wohl auch sonst mancher heute hier fehlt, der sich mitfreuen würde, aber nicht mehr unter den Lebenden weilt. Seinen Hauptnamen Florian, der mit dem lateinischen Wort „flos“ = die Blume, die Blüte zusammenhängt, würde ich folgendermaßen übersetzen: Er soll blühen, wachsen und gedeihen. Diesen Wunsch braucht er auch, denn etwas Sorge machen uns seine Augen. Er schielt sehr stark. Vielleicht ist in einiger Zeit sogar schon eine Operation nötig. Wir hoffen nur, daß sich darüber hinaus nicht noch weitere Komplikationen ergeben. Auf jeden Fall wird er darauf angewiesen sein, daß seine Spielgenossen und Mitmenschen ihn annehmen und nicht auslachen und ihn ins Abseits stoßen. Umso wichtiger ist für uns die Gewißheit, daß er in der Taufe grundsätzlich angenommen ist.

Da sind also vier Kinder – und was brauchen sie am nötigsten, jedes von ihnen, ganz gleich, wie sie heißen und woher sie kommen? Es hat sie niemand gefragt, ob sie auf die Welt kommen wollten. Wie es in dem kleinen Gedicht heißt, das wir auf die Einladung mit draufgeschrieben haben:

> ich wurde nicht gefragt
> bei meiner geburt
> und die mich gebar
> wurde auch nicht gefragt
> bei ihrer geburt
> niemand wurde gefragt
> außer dem Einen
> und der sagte
> ja

Einer sagt: Ja. Wir nennen ihn mit Jesus: Gott. Sein Ja heißt: Du hast ein Recht, hier zu sein. Du wirst das Leben der Menschen teilen und Raum finden unter ihnen. Du bist da, und so klein du bist: Du wirst nicht erst ein Mensch, du bist es schon. Es fehlt dir nichts, was einen Menschen ausmacht.

Es gibt eine Geschichte von Jesus. Er hört, wie seine Jünger sich darüber streiten, wer unter ihnen der Größte sei. Da ruft er ein Kind, stellt es in ihre Mitte und sagt: Dieses Kind ist der Größte. Wenn ihr euch nicht ändert und wie die Kinder werdet, dann wird Gott euch nicht annehmen.

Das bedeutet: Was einen Menschen „annehmbar“ macht, das erwirbt er sich nicht erst im Laufe seines Lebens durch Lernen, Arbeit, Fleiß und Durchsetzungskraft. Was einen Menschen annehm-

bar macht, das hat er von Anfang an: Er hat sein Leben, sein Gesicht, seinen Namen. Das ist genug. Und selbst wenn noch dies behindert ist, genügt es dem Einen, der gefragt ist, um Ja zu sagen zu diesem Kind.
Wer wird dieses Ja einlösen? Diese Kinder sind darauf angewiesen, daß sie erfahren und begreifen, daß einer Ja zu ihnen sagt. Sie sind darauf angewiesen, daß einer Zeit für sie hat, daß man sie anlacht, mit ihnen spielt und singt und redet. Es muß einer da sein, wenn sie weinen, wenn sie Schmerzen haben oder Angst. Sie dürfen nicht vergeblich schreien, und sie dürfen nicht frieren. Man soll sie nicht an dem messen, was andere Kinder desselben Alters schon alles können. Sie brauchen ein Recht, sich zu wehren und störrisch zu sein. Sie müssen sicher sein können, daß sie auch dann nicht aus der Liebe ihrer Eltern herausfallen, wenn sie etwas getan haben, was deren Ärger hervorgerufen hat. Es ist gut, wenn sie zurückkommen können und wieder aufgenommen werden. Sie müssen sogar die Möglichkeit haben, ein paar Wochen lang „unausstehlich" zu sein, wie man sagt – das ist schwer für die Eltern, aber es wird durch Gegenwehr nicht leichter.
Alles in allem: Was diese Kinder brauchen, ist, daß sie angenommen werden, daß man Ja zu ihnen sagt. Daß man sie sich nicht anders wünscht als sie sind. Daß man nichts in sie hineindenkt, was sie nicht sein können. Daß man sie nicht seinen eigenen Gefühlen und Wünschen opfert. Daß man sie annimmt und darin schon freigibt, sie losläßt, damit sie ihr eigenes Leben finden können. Ihr eigenes Leben, das sie von Anfang an haben. Es fehlt ihnen nichts, was einen Menschen ausmacht.

e) Frage an die Eltern und die Paten

Liebe Eltern, seid Ihr bereit, Euer Kind, das Ihr in der Taufe Jesus Christus anvertraut, auch selbst anzunehmen mit seinen Gaben und Schwächen, Vorzügen und Mängeln und nach bestem Wissen und Gewissen die Aufgabe seiner Erziehung wahrzunehmen in Liebe, Geduld und Verantwortung vor Gott und den Menschen, so sprecht „Ja, mit Gottes Hilfe!" ...
Zum Zeichen dafür, daß Ihr bei dieser Aufgabe nicht alleingelassen seid, sondern andere Menschen Euch zur Seite stehen im Raum von Verwandtschaft, Freundschaft und Gesellschaft, habt

Ihr einige nahestehende Menschen zu Paten Eures Kindes gebeten ...
Ich richte die Frage an sie: „Sind Sie bereit, diese Patenschaft zu übernehmen und Ihrem Patenkind Liebe und Freundschaft, Verständnis und Hilfe, Zeit und Überlegungen zu schenken und ihm selbst durch Rat und Tat, Wort und Vorbild Wege zur Bewältigung seines Lebens zu zeigen, so antworten Sie bitte: ‚Ja, mit Gottes Hilfe!' "

f) Aufforderung zum Bekenntnislied

Eure Kinder sollen im Namen des Dreieinigen Gottes getauft werden. Zu ihm, dem Vater und Schöpfer aller Dinge, der uns in Jesus Christus seine Liebe geoffenbart hat und der mit dem Geist seiner Liebe uns alle erfüllen will, wollen wir uns miteinander bekennen, indem wir als Ausdruck unseres christlichen Glaubens von dem Lied „Ich steh an deiner Krippen hier" die drei Verse singen, die auf unserem Programm angegeben sind ...

g) Gebet

Herr, uns sind Kinder anvertraut, an denen wir unsere Freude haben und unsere Last.
Sie wachsen an unseren Gaben und nehmen Schaden an unseren Fehlern.
Sie brauchen unsere Liebe, um die wir uns manchmal werden mühen müssen.
Sie brauchen unsere Geduld, die wir nicht immer aufbringen werden.
Sie brauchen unsere Zeit – auch dann, wenn wir keine Zeit haben.
Sie brauchen unsere Zustimmung; sie wird uns nicht immer leicht fallen.
Übermäßige Sorge wird sie ängstlich machen; durch ungerechte Härte werden sie selbst hart.
Aber wir werden ihnen auch sagen und zeigen müssen, was wir als richtig erkannt haben;
wir werden sogar ihren Widerstand wecken müssen, damit sie nicht in uns aufgehen und uns verfallen bleiben.
Wir können nur ahnen, wie das sein wird, Gott.
Wir hoffen, daß der Mut, der beinahe durch nichts zu begründen-

de Mut, mit dem wir uns unsere Kinder gewünscht haben, nicht zerbrechen wird.
Laß uns das Leben neu entdecken, solange wir mit diesen Kindern leben dürfen.
Bleib du bei uns, heute und alle Tage, bis ans Ende der Welt, und steck uns mit deiner Liebe an, Gott. Amen.

VI. EINE TAUFE IM FAMILIENKREIS

1. *Vorbemerkung*

Die im folgenden geschilderte Taufe zeigt viele Besonderheiten. Der taufende Pfarrer und die Taufeltern sind befreundet. Die Taufe soll nicht in der Kirche, sondern in einer Tagungsstätte erfolgen, die für die Taufeltern wichtig geworden ist. Trotz dieser Ausnahmesituation ergeben sich für die Gemeindepraxis Übertragungsmöglichkeiten. Wo ein Gemeindezentrum existiert, sind die technischen Gegebenheiten erfüllt. Inwieweit der inhaltliche Ansatz übertragen werden kann, muß natürlich von Fall zu Fall entschieden werden.

2. *Das Vorgespräch*

DANIEL ist das zweite Kind. Der Vater ist Engländer und als Lektor tätig, die Mutter ist Lehrerin. Sie stammt aus einer Familie mit einer kirchlichen Tradition. Bedingt durch den Umzug und durch die familiäre und berufliche Situation hat das Ehepaar keinen Kontakt zu einer Ortsgemeinde. Die Taufe des ältesten Kindes fand in einer großen Innenstadtkirche statt.
Durch den Kontakt mit dem taufenden Pfarrer hatten die Eltern von neuen Möglichkeiten gehört und wollten sie für die Taufe ihres zweiten Kindes nutzen.
Im Gespräch vor der Taufe interessieren den Vater vor allem die Fragen, was die Taufe von ihrem Ursprung und nach ihrem reli-

gionsgeschichtlichen Hintergrund her bedeutet. Fragen der Entwicklung zur Kindertaufe werden diskutiert.
Danach nimmt das Gespräch eine eher persönliche Wendung. Welches Verhältnis besteht zwischen der Taufe eines Kindes in der Bundesrepublik und der Situation der Kinder vor allem in den Entwicklungsländern? Beide Ehepartner sind sich hier nicht einig. Der Vater betont eher die weltweiten Aspekte, die Mutter neigt dazu, das individuelle Geschehen zu betonen. Man einigt sich darauf, beide Dinge zusammen zu sehen.
Der Verlauf der Taufe wird durchgesprochen. Man entschließt sich zu einer Feier im engeren Familienkreis am Sonntag. Dagegen gibt es zunächst Bedenken. Kann man eine Taufe so sehr auf den Kreis der Familie und der Freunde einengen? Schließlich einigt man sich, zwei Familien aus einem Gottesdienstteam, die dem taufenden Pfarrer bekannt sind, gleichsam stellvertretend für die Gemeinde mit einzuladen.
Damit sind bei der Taufe vertreten:
Die Schwester der Mutter mit ihrer Familie, die Schwester des Vaters, eine Großmutter, ein befreundetes Ehepaar, die Familie, die den älteren Bruder und später auch den Täufling aufnehmen wird, wenn die Mutter ihrem Beruf nachgeht,
zwei Familien aus dem Gottesdienstteam
und der taufende Pfarrer mit seiner Familie.

3. *Ablauf*

11 Uhr Treffen im Haus.
Die eintreffenden Gäste machen sich gegenseitig bekannt. *Der Vater* hält eine kleine Rede. Er begrüßt alle sehr herzlich, stellt seine Familie vor. Er freut sich besonders, daß die Taufe von Daniel in der Tagungsstätte stattfinden kann, die für ihn selber sehr viel bedeutet. Die Akademie war für ihn so etwas wie ein Fenster in eine Welt, die ihm sonst verschlossen geblieben wäre. Hier hat er Deutschland und die deutschen Gemeinden von einer anderen Seite kennengelernt.
Danach begrüßt *der Hausherr:*
Wir wollen Daniel taufen. Damit wird er der Liebe Gottes anver-

traut. Vielleicht wundert ihr euch, daß die Taufe nicht in der Kirche geschieht. Die Akademie, das Haus hier nebenan, ist für viele so etwas wie eine Kirche. Hier wird Gottesdienst gefeiert, hier sind schon andere Kinder getauft worden, hier trifft sich auch eine Gemeinde. Ich freue mich, daß wir miteinander die Taufe von Daniel feiern.

11.15 Uhr Basteln der Taufkerzen
Bei dem schönen Wetter können alle ins Freie gehen. Taufkerzen werden gebastelt. *Beide Paten* schmücken die Taufkerze mit dem Namen Daniel und mit Symbolen. *Die Kinder* der eingeladenen Familien basteln Kerzen nach ihren Vorstellungen. *Väter* kümmern sich um Rosetten gegen das Tropfen und helfen beim Basteln.

12 Uhr Gemeinsames Essen
Das normale Mittagessen der Tagungsstätte versammelt die Gruppe um einen Tisch.

12.45 Uhr Spaziergang zum Brunnen
In dem angrenzenden Waldstück ist in etwa 1 km Entfernung ein Brunnen mit Trinkwasser zu finden. *Die Gruppe* bricht auf. Erste Wolken zeigen sich am Himmel. Vom Brunnen soll das Taufwasser eingeholt werden. Kinder tragen kleine Krüge oder ihre Kindergartenflaschen. Kurz bevor der Brunnen erreicht wird, überrascht ein Gewitterschauer die Gruppe. Sie flüchtet in den Wald, kommt teils durchnäßt zur Quelle. Man trinkt und schöpft von dem Wasser. Nach dem Rückweg ziehen sich einige um, weil sie naß geworden sind, oder weil sie besonders festliche Kleider anziehen wollen.

13.30 Uhr Beginn der Tauffeier
a) Einzug
Der Einzug in den Raum erfolgt mit den eingepackten Geschenken für den Täufling, mit allen Blumen, mit den Taufkerzen. Der Raum wird weiter ausgeschmückt.

b) Kanon: „Vom Aufgang der Sonne bis zu ihrem Niedergang"

c) *Die Patin* erklärt, warum der Name Daniel für sie so wichtig ist. Daniel hat den Mut bewiesen, er selbst zu sein und zur Sache Gottes zu stehen, auch unter widrigen Umständen. Dieser Mut und dieses Selbstbewußtsein waren für sie der Grund, für den Kleinen den Namen Daniel herauszusuchen.

d) Es gibt Grund zu danken
Die Mutter sagt, wofür sie dankbar ist. Sie spürt das Wunder, hier einen fertigen Menschen vor sich liegen zu haben. So sehr Mutter und Kind verbunden sind, dieser neue Mensch ist eine eigene Person. Natürlich braucht er Pflege, natürlich ist er auf seine Eltern angewiesen. Aber schon jetzt ist deutlich, daß hier eine eigene Person den Eltern anvertraut ist.
Das sind auch die Gefühle bei der Taufe. Mein Kind wird Gott anvertraut. Damit wird deutlich, daß es nicht mein Besitz ist.
Die Mutter erinnert sich an den Taufspruch, den ihr Vater ihr ins Taufbuch geschrieben hat: In der Taufe bist du Gottes Kind geworden. Wage es immer wieder neu, es zu sein.

e) Psalm 23
Der 23. Psalm wird gelesen. *Der taufende Pfarrer* nimmt die Gedanken auf und verbindet sie mit dem 23. Psalm.

f) Lobe den Herrn

g) Das Kinderevangelium
Die Frau des Pfarrers sammelt die Kinder um sich herum auf dem Boden und erzählt ihnen das Kinderevangelium.

h) Zusammengießen des Wassers
Nun gießen *die Kinder* ihr mitgebrachtes Wasser in die gläserne Taufkanne.

i) Wofür das Taufwasser steht
Das Wasser ist eine lebensspendende Kraft. Ohne es kann man nicht leben. Das wird auch deutlich an der Schöpfungsgeschichte. Am Schilfmeer hat das Wasser die Kinder Israel gerettet und ihre Verfolger vernichtet. So steht das Wasser für Leben und Freiheit.

k) Frage an Eltern und Paten
Jesus sagt: (Taufbefehl). Darum die Frage an Eltern und Paten: „Wollt ihr, daß dieses Kind getauft wird? Wollt ihr das Patenamt an diesem Kind übernehmen?“

l) Die Taufe
Die Patin hält das Kind. Das Kind wird getauft. Die anwesenden *Kinder* dürfen im engen Halbkreis um den Tauftisch herumstehen.

m) Segen über das Kind
Die Mutter hält das Kind im Arm, *der Vater* legt mit die Hand auf, *der Bruder* hält Daniel an der Hand. *Der Pfarrer* formuliert den Taufsegen frei.

n) Vaterunser

o) Flötenstück
Zwei Kinder haben soeben begonnen, Flöte zu lernen. Das einzige, was sie können, ist „Nun wollen wir singen das Abendlied". Sie spielen es vor.

p) Die Taufkerze
Die Taufkerze von Daniel wird entzündet, *alle Kinder* dürfen ihre Kerzen an der Taufkerze entzünden. Sie werden um den Tauftisch herum versammelt und singen im Kreis „Weißt du, wieviel Sternlein stehen".

q) Was wir Daniel wünschen
Papier und Bleistift werden verteilt, *jeder Erwachsene* und *jedes Kind* schreibt oder malt, was es Daniel wünscht. Die Wünsche werden vorgetragen und für das Fürbittengebet zusammengefaßt.

r) Fürbittengebet
Es schließt Daniel und seine Familie mit den anderen Kindern der Gemeinde zusammen und weitet den Blick auf die Welt.

s) Geh aus, mein Herz, und suche Freud

t) Segen für die Familie und Abschlußsegen

u) Geschenke
Nach dem Schlußsegen werden Geschenke an Daniel verteilt.

Beim anschließenden Kaffeetrinken kreisen die Gespräche darum, was wir machen können und was wir tun können, damit bei Daniel und bei unseren Kindern das Vertrauen zu Gott und den Menschen wächst.

4. *Rückblick*

Die Erwachsenen konnten das Taufgeschehen in einer ganz neuen Weise miterleben. Mehrfach, auch von kirchenferneren Teilnehmern, wurde geäußert, noch nie eine solche Taufe erlebt zu haben. Auch die Eltern waren tief beeindruckt.
Zwei zweijährige Kinder fanden den Ablauf zu lang. Sie rannten umher und freuten sich an dem Platz, den sie zur Verfügung hatten. Auch der Bruder des Täuflings kam mit seiner Rolle an diesem Tag nicht besonders gut zurecht. Er ließ sich relativ schlecht konzentrieren. In diesem Falle wäre eine stärkere Gliederung mit dazwischenliegenden Pausen möglich gewesen. Ein erster Einschnitt hätte sich nach dem 23. Psalm angeboten, eine zweite Möglichkeit wäre gewesen, nach dem Entzünden der Taufkerze die Kinder an Geschenken und Bildern malen und basteln zu lassen, während die Erwachsenen das Rundgespräch über die Erziehung von Daniel und der eigenen Kinder hätten führen können. Beim ersten Einschnitt hätten die Kinder entweder weiteren Schmuck für den Raum und für den Täufling suchen oder basteln können, oder sich frei beschäftigen. Für die Erwachsenen wäre dadurch die Möglichkeit entstanden, intensiver über das Wasser der Schöpfung, das Wasser des Schilfmeeres und das Wasser des Jordans zu meditieren.

VII. ICH WÜNSCHE DIR – Taufe im Bereich der Kasualkirche (Protokoll eines Gruppenprozesses)

1. *Vorüberlegungen*

a) Das Taufverständnis

Wer ernst macht mit der Behauptung, daß die eine Taufe sich in vielen Taufverständnissen widerspiegelt, kann bei den Grunderwartungen der Menschen der Kasualkirche ansetzen. Dabei geht es nicht um den berühmten „Anknüpfungspunkt“, sondern um das Eingehen des Evangeliums in eine konkrete Situation. Nichts anderes ist immer wieder dort geschehen, wo die Botschaft in einen neuen kulturellen Raum, in neue soziologische Verhältnisse eindrang. Die Schwierigkeit liegt in diesem Falle nur im Beschreiben der „Kasualkirche". Sie ist kein klar abgrenzbarer Raum, eher gefühlsmäßig zu ertasten, als begrifflich festzuhalten. Und das bedeutet auch nicht, daß die Vorstellungswelt, in die das Evangelium hier eingeht, nicht auch im Bereich der Gemeindekirche vorhanden wäre.

b) Wünschen

Eine Gruppe hat in einer Reihe von Gesprächen darüber nachgedacht, in welcher Weise sich im Bereich der Kasualkirche religiöse Erwartungen an die Taufe hängen könnten. Eine Reihe von Möglichkeiten wurden dabei genannt, eine von ihnen war der Brauch des Wünschens. Bei der Geburt eines Kindes und der Begegnung mit ihm werden Wünsche laut und überbracht. Daß hier uralte Bedürfnisse vorliegen, zeigen die Märchen in vielen Traditionen. Gute und böse Feen, Glücks- oder Unheilskünder lassen sich in allen Traditionen ausmachen. Hier wird die ganze Ambivalenz des Wünschens deutlich, die Grenze zum Magischen sichtbar. Zum Brauch tritt der Mißbrauch, zum Licht das Dunkel, zur Hoffnung die Angst. Irgend etwas von dem allen schwingt bei einer Taufe mit, wenn den Eltern und dem Täufling Glück gewünscht wird. Dieses Geschehen, sonst unbewußt erlebt, verdrängt und wenig beachtet, soll deutlicher in den Vordergrund gestellt werden.
Theologisch steht hier das Thema „Segen" zur Diskussion. Die Gruppe ging dabei von der Vorstellung aus, daß Jesus nicht nur das Ende des alttestamentlichen Segensverständnisses ist, sondern auch seine Erfüllung. Wie könnte man sonst den guten Hirten Jesus im 23. Psalm wiederentdecken! Es wird die Aufgabe dessen sein, der diese Taufe hält, „irdischen" und „himmlischen" Segen so zu interpretieren, daß dabei das Gesicht Jesu deutlich erkennbar wird.

c) Ängste

Die Gruppe, vorwiegend Pfarrer, machte einen interessanten Prozeß durch. Er soll hier kurz geschildert werden, weil er zeigt, wie

angstbesetzt jeder Versuch sein kann, sich in das diffuse religiöse Feld der Kasualkirche hineinzutasten.
Die Idee, die Taufe einmal unter dem Gesichtspunkt des Wünschens zu sehen, entstand durch den Bericht eines Gruppenmitgliedes. Er erzählte, daß bei einer Taufe während einer Akademietagung Kinder und Erwachsene Papierblätter bemalt oder beschrieben hatten (s. Kap. VI), auf denen sie ihre Wünsche für das Baby zum Ausdruck brachten. Während der Taufe hingen sie wie stumme Zeugen an den Wänden und schlossen so die Taufgesellschaft ein. Später ergaben dann die einzelnen Blätter ein Buch für die Taufeltern, ein wichtiges Erinnerungsstück an jenen Tag der Taufe. Dieser Bericht regte ein Gruppenmitglied an, einmal die ganze Taufhandlung unter dem Gesichtspunkt des Wünschens zu sehen. Der Vorschlag lief darauf hinaus, den Akt des Wünschens mit dem Begießen des Täuflings mit Wasser zu verbinden. So würde dann jeder einzelne der Taufgesellschaft einen Becher Wasser aus dem Taufbecken entnehmen, das Baby damit benetzen und seine guten Wünsche dabei zum Ausdruck bringen. Als letzter in der Reihe sollte der Pfarrer das Kind dann taufen. So könnte deutlich werden, daß alle guten Wünsche in Gott kulminieren. Er sei nicht nur der, der das schlechthin Gute für die Menschen im Auge habe, er könne auch das vollbringen, was Menschen nur wünschen könnten. Gott tritt gleichsam als letzter an das Taufbecken, bestätigt und korrigiert, überhöht und vertieft damit alles, was an guten Wünschen einem Menschen zu bringen sei. Er ist der „Brunnquell aller Gaben".
An dieser Stelle, während einige Gruppenmitglieder sich mit ihren Gedanken und Überlegungen voll in diese Wunsch-Taufe hineinbegeben hatten, wurde bei anderen zunehmend Unbehagen spürbar. Wurde erst von unklarer und verschwommener Gestaltung gesprochen, so entwickelte sich im Laufe des weiteren Gesprächs der Vorwurf, daß hier wohl mehr vom Baal als von Gott die Rede sei. Dabei wurde offen zugegeben, daß das nicht einfach eine abstrakte theologische Frage sei, sondern daß es vielmehr um die Identität des Pfarrers gehe. Ist er bei diesem Versuch noch der eindeutige Zeuge Jesu Christi oder vielleicht doch nur der Zeremonienmeister, dessen Aufgabe es ist, verschwommene religiöse Bedürfnisse zu befriedigen?

Eine Zeitlang sah es dabei so aus, als sei alles vergessen, was in den Tagen vorher, als die Gruppe über die Struktur der Kasualkirche gearbeitet hatte, gesagt worden war. Jetzt zeigte es sich, daß man die Menschen der Kasualkirche im Grunde doch als Christen mit einem großen Defizit an Glauben betrachtet. Es war schwer zu ertragen, eine andere Ausprägung der Frömmigkeit erst einmal zu akzeptieren und stehen zu lassen.
Das weitere Gespräch ergab, daß es offenbar wichtig ist, die Handlung eindeutig als Taufe im Namen des dreieinigen Gottes zu markieren. Das bedeutete für die Gruppe, daß der eigentliche Taufakt nicht mit dem Akt menschlichen Wünschens verbunden werden konnte, um eine Überwucherung der zentralen Zusage Gottes durch das Wünschen zu verhindern. Die Gruppe einigte sich auf eine Gestaltung, die das sicherstellen sollte. So sollte nicht mehr, wie zuerst vorgeschlagen, der Täufling von jedem mit Wasser benetzt und mit guten Wünschen bedacht werden, denen dann die eigentliche Taufe folgen sollte. Stattdessen sollten die einzelnen Teilnehmer vor dem eigentlichen Taufakt Wasser in das Taufbecken füllen und dabei still oder laut ihre Wünsche für das Kind zum Ausdruck bringen. Das Wasser im Becken wäre dann auch ein sichtbares Zeichen dafür, was Menschen vor Gott bringen. Aber er allein kann aus einem Wunsch Wirklichkeit werden lassen. Freilich eine Wirklichkeit, die er in seiner freien Gnade gestaltet.
Teilnehmer der Gruppe erklärten, daß dieses Gespräch für sie wichtig geworden sei. Ihnen sei deutlich geworden, wie problematisch doch ihre defensive Haltung im Gespräch, aber auch ihr Abgrenzungsbedürfnis bei der Gestaltung der Kasualhandlung seien. Gerade in solchen Situationen sei man nach der Kraft und der Überlegenheit des Glaubens gefragt, der so wie Jesus riskiere, Menschen ganz nahe zu kommen und dabei ins Zwielicht zu geraten.

2. *Entwurf der Taufhandlung*

(1) Begrüßen
Am Eingang der Kirche begrüßt der Pfarrer. Gegenseitiges Vorstellen, Platz anbieten. Orgel und Glocken.

(2) Grund für das Zusammensein benennen.
Wir sind hier, um N.N. zu taufen ...

(3) Danken
In diesem Gebet lösen sich alle Spannungen, Ängste, Befürchtungen. Das Dankgebet gilt dem, der Eltern ein Kind geschenkt hat.

(4) Singen und Musizieren
Ausgewählte Verse „Lobet den Herren, den mächtigen König der Ehren" (EKG 234).

(5) Wünschen
Der Pfarrer leitet über. Das kommende und zukünftige Leben des Kindes kommt ins Blickfeld. Ein großes Gefäß mit Wasser steht bereit. In einer Meditation zum Wasser wird etwa folgendes ausgeführt:
Ohne Wasser ist kein Leben möglich. Dürres Land und Wüste rufen danach. Leben regt sich nach dem fruchtbaren Regen. So erhoffen wir das Leben. Auch für dieses Kind. Wasser kann auch ausbleiben, es kann sogar zerstören. In beiden Fällen kommt der Tod. Wir spüren so als Menschen, daß wir in letzten Dingen ohnmächtig sind. Wir können uns vieles nicht nehmen, darum bleibt uns nur der Wunsch, daß alles gut werden möge. Mit ihm zeigen wir an, was nicht in unserer Hand ist. So haben wir viele Wünsche für dieses Kind. Gott kennt sie. Darum drücken wir sie still oder laut vor ihm aus. Wir schöpfen dazu das Wasser in das Becken als Vorbereitung für die Taufe, in der Gott das Kind segnen will.
Die einzelnen treten vor und schöpfen mit Bechern Wasser aus dem Gefäß in den Taufstein.

(6) Bekennen
Wer ist der, dem wir unsere Wünsche bringen? Der 23. Psalm wird gelesen. Er kann auch, wenn Texte vorbereitet sind, gemeinsam gesprochen werden. Ihm folgt die Erklärung: Dieser gute Hirte, dem man sich anvertrauen kann, heißt Jesus Christus. Er bringt den Menschen alles Heil, alles was Gott an Gutem für uns hat (Taufbefehl). Bei der Taufe will er es uns anbieten und mitgeben. Auch diesem Kind. Darum frage ich euch, die Eltern und Paten: Wünscht ihr, daß euer Kind in der Taufe diesem Jesus Christus begegnet und von ihm angenommen wird?

Ist es euer Wunsch, daß es bei diesem guten Hirten bleibt, von ihm immer wieder hört, zu ihm immer wieder kommt?
Wollt ihr im Umgang mit eurem Kind das Eure dazu tun, daß dieser Wunsch wahr wird?
So sprecht: Ja.

(7) Taufen
Das Kind wird im Namen des Dreieinigen Gottes mit Wasser getauft.

(8) Danken und Bitten
Die Bitten kreisen um die Zukunft des Kindes und der Eltern, nehmen die Verantwortung und die Hoffnungen der Eltern auf. Abschluß mit „Nun danket alle Gott“

(9) Senden
Jesus sagt: Ich bin bei euch alle Tage bis an das Ende der Welt. Es gibt Zeichen, die uns an diese Zusage immer wieder erinnern können. Eines davon ist die Taufkerze. Sie wird den Eltern übergeben. Sie soll an jedem Tauftag brennen und an die Wünsche der Menschen und Gottes Zusage erinnern. Es folgt der Segen.

(10) Verabschieden.

VIII. ZWEI WEITERE ENTWÜRFE

1. *Variation der Taufagende*

a) Begrüßung
b) Vorstellen der Familien und des Täuflings
c) Lied
d) Die Kindersegnung
– Dank für das Kind
– Kinderevangelium
– Vaterunser
– Segen mit dem Kreuzeszeichen
– Lied oder Kanon

e) Verkündigung und Bekenntnis
- Ansprache
- (eventuell Solo Orgel oder Instrumente)
- Frage an Eltern und Paten
- Credo
- Fürbitte für Eltern und Paten

f) Taufe
- Taufbefehl
- Taufhandlung
- Segen nach der Taufe
- Solo Orgel

g) Tauferinnerung
- Votum nach der Taufe
- Tauferinnerung (Taufkerzen)

h) Gebet und Sendung
- Fürbitte (Familiensegen)
- Entlassung
- Lied

2. *Taufe für Gemeindeglieder aus der Kasualkirche*
Stichwort: „Vertrauen – Anvertrauen"

a) Einzug
b) Begrüßung
c) Vorstellung (Namen des Kindes erläutern, „Familienlauf")
Singen
d) Was es Eltern und Kindern leicht und/oder schwer macht, dieses Kind zu akzeptieren
e) Lesung Psalm 8 oder 23 und Kommentar
Singen
f) Kinderevangelium und Kommentar
g) Wasser schöpfen und deuten
h) Kommt herzu...
Gang zum Taufstein – Taufbefehl
i) Taufe unter Assistenz des Paten
Pfarrer oder Pate hat das Kind im Arm
Solo Orgel oder andere Instrumente

k) Rückgabe des Kindes an die Eltern
l) Segen für das Kind unter Mitbeteiligung der Familie
m) Vaterunser
n) Taufgedächtnis mit Taufkerze
Singen
o) Die Zukunft
Schenken und Wünschen, was Eltern, Geschwister, Paten, Gemeinde in Zukunft für dieses Kind tun können, damit Vertrauen zu Gott und den Menschen wächst
p) Fürbittengebet
q) Als Familie vor dem Altar
r) Zuspruch für alle Familien
s) Segen.

IX. STRECKUNG DES KASUS TAUFE

Einfälle

Was zur Streckung einer Amtshandlung zu sagen ist, wurde am Thema Trauung schon verdeutlicht. Es wird freilich nicht darum gehen, gleich ein systematisches Konzept zu entwickeln. So gut es wäre, bei dieser Gelegenheit etwas zur Rationalisierung der Gemeindearbeit beizutragen, so gering ist doch in den meisten Fällen die noch freie Arbeitskapazität. Dennoch gibt es eine Reihe von Möglichkeiten, von denen einige durchaus ohne allzu großen Aufwand praktizierbar sind. Ein Kreis von Pfarrern hat einen ganzen Korb voller Einfälle zusammengetragen. Sie regen vielleicht zu weiteren Gedanken an:

1. Einladung zur Familienfeier annehmen
2. Ein Wunschbuch oder einzelne Blätter dazu zur Familienfeier mitnehmen
3. Von Kindergruppen mit Modellierwachs verzierte Taufkerze schenken
4. Spendenbescheinigung nach einigen Tagen selber übergeben
5. Second-hand-Shop für Kinderkleider bei Gemeindetag einrichten

6. Mutter- und Kindkreis
7. Babysitting auf Gegenseitigkeit organisieren
8. Alleinerziehende Mütter (und Väter) einladen
9. Stammbuch persönlich überbringen
10. Besuch bei Großeltern und Paten, auch ein gemeinsames Gespräch mit Eltern und Paten z.B. über Sinn, Aufgabe und Gestaltungsmöglichkeiten des Patenamtes
11. Genauere Abkündigungen
12. Eine besondere Taufkerze brennt in der Kirche an einer bekannten Stelle mit Namenskärtchen
13. „Buch des Lebens", Taufbuch auflegen und eintragen (in Erinnerung an Offb. 20,12)
14. Mehr Aufmerksamkeit für die „Freud- und Leid"-Ecke im Gemeindeboten
15. Taufreportagen mit Bild
16. Schaukasten mit Bildern von der Taufe
17. Gemeindeeigenes Büchlein zusammenstellen mit Taufagende, Gebeten, kirchlichen und außerkirchlichen Adressen zur Sache
18. Elternseminar
19. Jährliche Einladung früherer Taufeltern mit Kinderbildern
20. Wochenendtagung mit Eltern kleiner Kinder
21. Samstagnachmittagparty für Eltern mit Babysitting
22. Fester Taufsonntag
23. Glückwunschkarte zu den Tauftagen
24. Verbindung zum Kindergarten knüpfen
25. Familienfeste
26. Aktionen, die für Kinder im kommunalen Bereich eintreten
27. Telefonbesuchsdienst von Frauen bei Frauen
28. Anregungen für Taufgedächtnisfeiern in der Familie
29. Taufgedächtnis-Gottesdienste
30. Brief zum Tauftag (religiöse Erziehung).

X. TAUFGEDÄCHTNIS IN DER FAMILIE

1. *Vorüberlegungen*

a) Ein eigentlicher Taufglaube ist in der Volkskirche kaum vorhanden. Auch in Gesprächen mit kirchlichen Mitarbeitern zeigt sich, wie existenzieller Glaube und die eigene Taufe nur über den Umweg rationaler Überlegungen zusammen gebracht werden. Daß Luther in Anfechtungen „in die Taufe zurückkriecht", wird zwar oft zitiert, existenziell jedoch kaum in Anspruch genommen. Das gibt Anlaß, nach den Gründen zu suchen. Ohne Zweifel liegt er zunächst in der protestantischen Frömmigkeit, die stark am Wort orientiert ist und zu den Sakramenten wenig innerlichen Bezug findet. Wer dies bedauert, der wird wiederum durch Worte kaum Abhilfe schaffen können. Denn diese Worte werden zu Menschen gesprochen, die Zusammenhänge verstehen können, also erst zu älteren Kindern. Hier aber sind bereits entscheidende Weichen gestellt. Mit Sicherheit wird man vordergründig den mangelnden Taufglauben in der Tatsache suchen können, daß niemand seine eigene Taufe bewußt erlebt, diese auch später kaum erfahrbar gemacht wird. So liegt der Gedanke nahe, durch die Feier des Taufgedächtnisses von Kind an die eigene Taufe bewußt zu machen und diese auch in den Bereich des Erlebens zu rücken.

b) Es gibt viele Möglichkeiten des Taufgedächtnisses. Die gängigste ist, am Tauftag eine Kerze anzuzünden, die erstmals bei der Taufe brannte. Daraus werden sich sicher Fragen ergeben, die die Taufe wieder ins Bewußtsein bringen.
Auch die Mitbeteiligung an Taufen verwandter oder befreundeter Familien, die damit verbundene Feier des Taufgedächtnisses oder die Mitbeteiligung der Kinder allgemein ist hier ein wichtiger Punkt.
Das folgende ist ein Versuch. Er wird freilich nicht von jedermann übernommen werden können. Familien, die bei Familiengottesdiensten oder vergleichbaren Tagungen bereits gelernt haben, mit Symbolen umzugehen und eine natürliche Form, über den Glauben zu sprechen, gefunden haben, könnten damit po-

sitive Erfahrungen machen.

c) Der Grundgedanke liegt in der Spannung von Erinnern und Vergegenwärtigen. Dies soll in Gestalt einer Familienfeier, ähnlich einer aus Anlaß eines Geburtstages versucht werden. Pate stand dabei die Relation von Frage und Antwort, wie sie schon im Alten Testament (Deuteronomium 6) angedeutet ist und wie sie in den Feiern einer jüdischen Familie, etwa beim Passah zum Ausdruck kommt: „Wenn dich dein Sohn wird fragen, dann sollst du antworten".

2. *Vorschlag zur Feier*

Vorbemerkung

Bei ähnlichen Versuchen zeigt sich immer wieder, wie wichtig es im aufgelockerten Familienrahmen ist, feste und gut verstehbare Rituale anzubieten. Dadurch wird das Außerordentliche, das Besondere, auf das diese Zusammenkunft hinweisen will, deutlich. So erfordert es Fingerspitzengefühl durch das Angebot solcher fester Rituale, die gelockerte Atmosphäre nicht zu zerstören. Andererseits gilt es, dieses Besondere dem Auge, Ohr und Gefühl erlebbar zu machen.
Schwierig ist die Frage zu beantworten, in welcher Reihenfolge das „Wie" und das „Warum" der Taufe zu bringen ist. Hier wird man sich dem Alter des Kindes und auch der Situation anpassen müssen. Fragen, die gestellt werden, müssen beantwortet werden, auch wenn man sich eine andere Reihenfolge dieses Taufgedächtnisses zurecht gelegt hat. So ist auch der folgende Vorschlag zu verstehen.

a) Erinnern

Die Vorbereitung des Festes ist bereits ein wichtiger Teil desselben. Es entspricht der Gabenbereitung beim Abendmahl. Die Familie deckt gemeinsam den Tisch wie bei einem Geburtstag. Dann bringt jemand, etwa der Vater, eine Schale mit Wasser und die noch nicht brennende Taufkerze.
Kinder können kaum Kerzen erblicken ohne den Wunsch, sie

brennen zu sehen. Der Vater oder die Mutter bekommen damit die Gelegenheit, den Grund für das Anzünden der Kerze zu erzählen. Sie brennt, weil sie an die Taufe erinnern soll. Hier ist der Ort, wo man dem Kind sagen kann, warum man es zur Taufe gebracht hat. Das geschieht am besten dadurch, daß man die Geschichte erzählt, wie Jesus die Kinder zu sich ruft. Man kann auch ein Bild dazu betrachten. Kinder erleben dauernd, daß sie zurückgestellt werden, weil sie klein sind. Auch in der Familie. In dieser Geschichte sollen sie erleben, daß Jesus anders darüber denkt. Er schickt die Kinder nicht weg, er lacht sie nicht aus, er nimmt sie ernst. Er sagt vielmehr: auch du, auch wenn du ein Kind bist, gehörst zu Gott. Darum haben Vater und Mutter das Kind zur Taufe gebracht, damit Jesus zu dem Kind sagen konnte: „Du gehörst zu Gott".

b) Feiern
Essen und Trinken gehören zum Feiern. Hier ergibt sich die Möglichkeit, Bilder oder Filme von der Taufe anzuschauen. Damit steht das Wie der Taufe im Vordergrund. Vater und Mutter erzählen, wie das Kind getauft wurde. Hier bekommt die Schüssel mit dem Wasser eine Funktion. Warum mit Wasser taufen? (Es macht rein, es erfrischt, es stillt den Durst, so wichtig ist das Wasser).
Aber das Wasser tut's nicht, das Wichtigste war, daß jemand sagte: „Ich taufe dich ... ", und er meinte damit: Gott sagt: „Du gehörst mir". Die brennende Taufkerze wird zu der Schale gestellt. Wort und Wasser gehören zusammen.

c) Vergegenwärtigen
Manches ist dazu schon gesagt worden. Weitere Möglichkeiten sind ein Dankgebet oder ein wenig Musik, ein Lied oder der folgende Abschluß: Alle geben sich die Hand, einer spricht vor, alle sagen es nach: „Christus sagt, ich bin bei euch alle Tage bis an das Ende der Welt." Daran erinnert jedes Jahr die Kerze. Darum feiern wir jedes Jahr auch den Tauftag.

Eleonore von Rotenhan: Das Praktikum

Ein Wegweiser für Praktikanten, Praxisanleiter, Institutionen und Ausbildungsstätten. (anleitungen) 124 Seiten. Kartoniert.

Selten wird man ein so frisch geschriebenes Buch finden. Man spürt beim Lesen, wie praxisverbunden die Autorin an das Thema herangegangen ist. Das Buch gehört in die Hand eines jeden Praxisanleiters an Fachschulen/ Fachakademien und Fachhochschulen.
Informationsdienst für Dozenten an sozialpädagogischen Ausbildungsstätten, München

Hans Frör: Konflikt-Regelung

Kybernetische Skizzen zur Lebensberatung. (anleitungen) 160 Seiten mit 27 graph. Darstellungen. Kartoniert.

Für alle, die in beratender und therapeutischer Absicht mit Menschen zu tun haben, gibt Frör eine wertvolle Hilfe zur effektiveren Strukturierung und gezielteren Planung ihrer Arbeit.

Howard J. Clinebell: Reifezeugnis für die Ehe

Wachstumsorientierte Kommunikation in Ehe und Partnerschaft. Redaktion und Einführung von Helmut Harsch. Aus dem Amerikanischen. (anleitungen) 112 Seiten. Kartoniert.

Der amerikanische Theologe und Therapeut Howard J. Clinebell hat ein neues Verfahren entwickelt und vorgeschlagen, das nicht erst beginnt, wenn eine Ehe oder eine Partnerbeziehung in die Krise geraten ist, sondern bereits vorher.

Dieter Stolz: Ein Lehrstück und sechs Thesen

Zur Reform des § 218. (materialien) 48 Seiten. Kartoniert.

Die Predigt bei Taufe, Trauung und Begräbnis

Inhalt, Wirkung und Funktion. Eine Contentanalyse. Erarbeitet von der Homiletischen Arbeitsgruppe Stuttgart/Frankfurt. (GT Praxis 15) 192 Seiten. Kartoniert.

DUO
Ein Partner-Spiel-Test

Entwickelt von James R. Hine. Aus dem Amerikanischen übersetzt und bearbeitet von Helmut Harsch. 2. Aufl. 2 x 85 Frage- und Antwortkarten mit Anleitungs- und Auswertungsmaterial.

KLAUS WINKLER

Emanzipation in der Familie

(Beratungsreihe 6) 96 Seiten. Kartoniert.

HEINRICH LUDWIG

Die Kirche im Prozeß der gesellschaftlichen Differenzierung

Perspektiven für eine neue sozialethische Diskussion. (GT Systematische Beiträge 20) 206 Seiten. Kartoniert.

Zeichen im Gottesdienst

Ein Arbeitsbuch von Günther Schiwy, Hellmut Geißner, Herbert Lindner, Heiner Michel, Herbert Muck, Klaus Pfitzner, Rainer Volp. 160 Seiten, 8 Abb. Kt. DM 25.–. In Gemeinschaft mit dem Kösel-Verlag, München

HOWARD J. CLINEBELL

Modelle beratender Seelsorge

Mit einem Vorwort von Helmut Harsch. Aus dem Amerikanischen von Christian Hilbig und Waldemar Pisarski. (GT Praxis Nr. 8) 3. Aufl. 1977. 288 Seiten. Kartoniert.

DAVID K. SWITZER

Krisenberatung in der Seelsorge

Situationen und Methoden. Mit Beiträgen von W. Robert Beavers, Vivian B. Brown, Bertram R. Forer, Richard A. Hunt. Gerald F. Jacobson, Wilbur E. Morley, Howard P. Rome und Thomas N. Rusk sowie einem Nachwort von Werner Becher. Aus dem Amerikanischen von Werner Becher und Anna Sannwald. (GT Praxis Nr. 19) 196 Seiten. Kartoniert.

Festtage

Zur Praxis der christlichen Rede. Herausgegeben von Herbert Breit und Klaus-Dieter Nörenberg. 216 Seiten. Kartoniert.

MANFRED JOSUTTIS

Praxis des Evangeliums zwischen Politik und Religion

Grundprobleme der Praktischen Theologie. 276 Seiten. Kartoniert.

Lernende Kirche

Ein Leitfaden zur Neuorientierung kirchlicher Ausbildung. Herausgegeben von Reinhard Köster und Hans Oelker in Zusammenarbeit mit der Braunschweiger Lernzielgruppe. 272 Seiten. Kartoniert.
